Vocación

◆◆

EL ESCENARIO
DEL FLORECIMIENTO HUMANO

Vocación

EL ESCENARIO
DEL FLORECIMIENTO HUMANO

PRÓLOGO POR
RALEIGH SADLER

MICHAEL BERG

Vocación: El escenario del florecimiento humano
Michael Berg

ISBN (Paperback) 978-1-956658-19-4
ISBN (iBook) 978-1-956658-20-0

Traducido del libro *Vocation: The Setting for Human Flourishing*
© 2020 New Reformation Publications
Traducción por Cristian J. Moran

A menos que se indique algo distinto, las citas bíblicas están tomadas de la Nueva Biblia de las Américas™ NBLA™, © 2005 por The Lockman Foundation.

La cita bíblica marcada con NTV está tomada de la Santa Biblia, Nueva Traducción Viviente, © Tyndale House Foundation, 2010.

La cita bíblica marcada con NVI está tomada de la Santa Biblia, Nueva Versión Internacional © 1999, 2015 por Biblica, Inc.

Contenido

Prólogo

«Dios, ¿por qué no me salvas?». Oraba esa frase como un mantra. Cada vez, esperaba que mi miedo diera paso a una nueva sensación de libertad. Sin embargo, cuanto más oraba, más agotado me sentía.

Desde que tengo memoria, he buscado la aprobación de Dios por sobre todo. Si las puertas de la iglesia estaban abiertas, allí estaba yo. Y cuando no estaba en la iglesia, podías estar seguro de que estaba orando o intentando leer mi Biblia. Es lo que se supone que debe hacer un «buen cristiano», ¿verdad?

Yo quería ser un buen cristiano más que cualquier otra cosa, pero ahí estaba el problema. Me concentraba más en lo que yo mismo hacía que en lo que Cristo había hecho por mí en la cruz. Sin saberlo, estaba intentando desesperadamente asegurar mi relación vertical con Dios.

Este insidioso deseo de demostrar mi valía me siguió hasta el seminario. Con cada tarea realizada, perseguía ansiosamente la seguridad eterna, creyendo que, aunque somos salvos por gracia mediante la fe, aún debía hacer algo para experimentar la libertad que se me había prometido.

Esa libertad llegó, pero no se basó en nada hecho por mí. Como era mi costumbre, esperé hasta el último momento antes de escribir un trabajo para la clase de Introducción a la Historia de la Iglesia. Para desgracia mía, las estanterías de la biblioteca estaban vacías. Como en ese momento tenía pocas opciones, cogí los dos últimos libros que quedaban. Cuanto más leía, más se abrían mis ojos a la obra terminada de Cristo. Para ser honesto, nunca encontré la libertad mirando en mi interior. Solo la encontré cuando dejé de mirarme a mí mismo y observé la obra terminada de Cristo.

Al darme cuenta de que la pregunta de si Dios me amaba había sido respondida hacía más de dos mil años, ahora era libre para amar a los demás. Como dijo Gustaf Wingren en su famoso libro *Luther on Vocation* [Lutero sobre la vocación], «Dios no necesita tus buenas obras, pero tu prójimo sí». En otras palabras, la gracia de Dios nos capacita para amar al prójimo a través de lo que hacemos a diario. La justicia de Cristo nos libera de estar curvados hacia dentro y nos impulsa hacia fuera, hacia el prójimo, en la vocación. En mi caso, me llevó a fundar Let My People Go [Deja ir a mi pueblo], una organización que busca movilizar a la iglesia local para luchar contra el tráfico de personas amando a los más vulnerables.

El libro *Vocación: El escenario del florecimiento humano*, de Michael Berg, nos recuerda que la medida en que Dios te ama no depende de tus elecciones vocacionales. Más bien, tu vocación es la forma en que Dios elige amar a la gente a través de ti. No necesitamos tener el trabajo perfecto o el más satisfactorio para cambiar el mundo. Como dice Berg, «el cavador de zanjas es tan importante como el sacerdote». Aunque ninguna vocación es mejor que otra, cada uno de nosotros podemos influir en los demás al servirlos a través de nuestras vocaciones. Este libro es un refrescante recordatorio de esta verdad esencial.

Raleigh Sadler
Autor de *Vulnerable: Rethinking Human Trafficking* [Vulnerable: Un replanteamiento del tráfico de seres humanos]

Introducción

Dos lecciones aprendidas

Una lección de vocación

Está en la naturaleza del ser humano buscar una justificación para sus acciones.

—Aleksandr Solzhenitsyn, *Archipiélago Gulag*

Cuando era un pastor joven, fui como un pez fuera del agua. Fui un chico de ciudad enviado a un pueblo rural de 430 habitantes para pastorear una iglesia de 360. Wood Lake, en Minnesota, era el último lugar en que habría pensado, pero el Espíritu Santo me dejó como un necio. Al final, los doce años vividos en esa comunidad agrícola han sido uno de los mejores períodos de mi vida. La gente fue buena conmigo; mejor de lo que yo merecía. No solo por la forma en que nos amaron a mi familia y a mí, ni porque escucharon pacientemente mis primeros (y malos) sermones de manera obediente. Fue porque me enseñaron tanto como yo les enseñé a ellos. Me esforcé mucho, especialmente al principio, por no ser una carga. Soy hijo de pastor, así que sé cómo funciona. Servir es un privilegio. La iglesia es lo primero. Cuando la casa del pastor necesita una alfombra nueva y la iglesia necesita ventanas nuevas, nos aseguramos de que la iglesia tenga ventanas nuevas sin mencionar que, en el pasillo de nuestra casa, estamos literalmente cosiendo dos trozos de alfombra (esto último es una historia real de mi infancia). Me parece bien.

Unos tres años después de comenzar esta labor de predicación, nos llevamos un susto financiero. La congregación tenía pocos fondos; no porque las ofrendas fueran bajas, sino por causa del seguro médico. Las primas habían subido rápida y drásticamente, poniendo en una situación precaria a todas las entidades, especialmente las no lucrativas. Me encontraba en el sótano de una iglesia, sentado en una fría silla metálica, ante una veintena de campesinos muy trabajadores y sensatos que no dejaban ningún gasto sin examinar (en su presupuesto propio, en el de la iglesia, y por supuesto, en el del gobierno). Tuvimos que hablar de mi seguro médico. ¿Seguiríamos con el seguro que la iglesia pagaba, con primas elevadas pero buena cobertura, o buscaríamos otra compañía, asumiendo el riesgo de pagar deducibles más elevados? Esta misma pregunta se estaba planteando por todo el país, tanto en los sótanos de las iglesias modestas como en las salas de las juntas directivas de alto nivel.

Una vez que todo el mundo dio su opinión y pasó la incomodidad de oír a la gente hablar de mi remuneración *delante de mí*, decidí hablar. Palabras de pastor. Palabras de líder. Palabras piadosas. Declaré que mi familia estaría bien con el deducible más alto. Alguien levantó la mano. El presidente de la congregación, un agricultor jubilado, con acento de John Wayne y sombrero vaquero a tono, le cedió la palabra: «Pero no queremos poner al pastor en una situación negativa si uno de sus hijos enferma. No vale la pena correr ese riesgo».

Antes de que nuestro presidente, sentado a mi lado, pudiera solicitar más opiniones, me abalancé con gloriosa piedad: «Dios cuidará de mi familia y de mí». Tras oír mi intento de virtud, nuestro presidente, Jerome Timm, se rió. Poniendo su mano derecha sobre mi hombro, dijo: «Pastor, *nosotros* somos la manera en que Dios cuida de usted». Llamó a una votación. Fue unánime. Pagarían el mejor seguro. Así es como Dios cuidaría de mí: por medio de esa congregación. Esa noche se me dio una lección de vocación.

Una lección sobre la justificación

También se me dio una lección sobre la justificación. Más tarde, mientras caminaba la cuadra que me separaba de mi casa, pensé: «Al diablo con mi piedad». ¿A quién quería impresionar? ¿A esas personas? ¿A mí mismo? ¿A Dios? Mi autojustificación intentó obstaculizar la recepción de un regalo. Dios estaba utilizando a esas personas para alimentar a mi familia (en sentido figurado y literal: nos dieron la mejor carne de res y de cerdo que alguna vez hayamos comido, y también algo de pollo). Esto era un regalo. ¿Por qué iba a rechazar un regalo de Dios? ¡Qué insulto para el dador! Y esto era peor. Había intentado sustituir el regalo por una obra. Era una forma de autojustificación. Mis motivos eran solo parcialmente puros. Realmente quería lo mejor, financieramente, para la iglesia, pero también quería que me consideraran valioso, digno y desinteresado. Quería ser recto. Quería justificar mi existencia y mi valor delante de mi congregación. Intenté rechazar el regalo de Dios para *parecer* recto. Obtener su regalo a cambio de mi trabajo. Al diablo con mi piedad.

Aquella tarde, la vocación y la justificación colisionaron en mi mente cuando el Sr. Timm dijo: «*Nosotros* somos la manera en que Dios cuida de usted». En la teología, la justificación es una gran palabra, pero todos entendemos su significado común. Si hoy, después del trabajo, llego a casa remolcando una lancha de cincuenta mil dólares con mi vehículo, debo *justificar* esa compra ante mi esposa. Debo hacer que mis acciones parezcan correctas, es decir, justas. Debo justificarlas. Debo justificarme yo. Lo hacemos todo el tiempo. Creo que por eso nos aseguramos de que la gente que nos rodea sepa que hacemos nuestra parte. «He fregado los platos», le digo a mi mujer, haciéndole sutilmente saber que soy un buen marido (y que, en mi mente, llevo la cuenta de las tareas domésticas). Estoy justificando mi valor (o justificándome yo mismo) por medio de mis acciones. Con Dios, esto no conduce a nada. ¿Qué podría hacer para impresionarlo? Por no mencionar la larga lista de tareas no hechas, mal hechas, o como en el caso de todas mis obras, hechas con motivos impuros. No puedo justificarme ante Dios, pero esta es la buena noticia: no necesito hacerlo. Cristo me justifica. Él me hace justo. Su justicia se convierte en la mía, y mi pecado se convierte en el suyo. Él va a la cruz con mi pecado, y yo soy presentado ante Dios con su justicia (2Co 5:21; Ro 3:21-26).

Estas dos lecciones, una sobre la vocación y otra sobre la justificación, no se pueden separar. En primer lugar, la vocación, o el llamado, supone alguien que llama (Dios) y una persona llamada (el cristiano). Debe haber una relación entre Dios y la persona; la vocación es exclusiva de los creyentes justificados[1]. En segundo lugar, la vocación supone ser libre de la carga de agradar a Dios. Si el cristiano agota su tiempo y energía intentando ganarse el favor de Dios, no queda nada para el prójimo. Es cierto que la vocación pertenece al ámbito de la ley. Es la forma en que Dios utiliza a los cristianos para amar al mundo. Mi trabajo vocacional no es aquello por lo cual soy salvo. La vocación no es el evangelio[2]; la vocación no es para el cielo. Sin embargo, la vocación solo es posible porque el cielo está asegurado. Solo los justificados *en* Cristo pueden trabajar *con* Cristo en la economía de amor del Padre. Como pastor joven, era libre de recibir lo que Dios me daba a través de mi gente. No necesitaba justificarme. Era libre. Libre para amar.

Con el cielo asegurado y mi sustento en buenas manos (las de Dios), levanté la vista y vi a mi prójimo. Fui liberado para perderme en el arte de mi vocación. Fui libre para amar tanto mi trabajo como a mi gente. Fui liberado de las preocupaciones que tan a menudo nos debilitan: las finanzas, el equilibrio entre la vida y el trabajo, el rendimiento laboral; todas las tensiones del mundo. Dios haría su trabajo conmigo o sin mí. Por cada tarea que realizo en mis muchos llamados, hay un número incalculable de personas que

Dios utiliza en los llamados de ellas para amarme. La obra se hará. No necesito ser un héroe con un mal seguro médico. Y lo curioso de esa confianza en Dios es que no me hizo perezoso; en realidad me hizo más productivo. La presión había desaparecido.

No me malinterpreten. He sido, y soy, un desastre —un pecador-santo—[3]. Siempre estoy, de alguna manera, actuando en contra de Dios y pecando contra las vocaciones en las que me ha puesto. La vocación es donde doy la batalla espiritual. Es el cuadrilátero en el que se enfrentan el antiguo Adán y la nueva creación. Es allí donde sufro. Es allí donde llevo una cruz. Esto no debería sorprenderme, porque soy colaborador de Cristo. Él me utiliza como la máscara que lleva para amar a mi esposa, a mis hijos y a todas las personas con las que me relaciono. En realidad se trata del amor de Cristo por mi prójimo, y simplemente resulta que yo soy parte de la ecuación. Yo disminuyo para que él crezca. ¿No debería yo participar de sus sufrimientos? ¿No ha de haber una cruz? Cuando vivo para ellos, muero a mí mismo. Es una batalla espiritual.

Sin embargo, la carga es ligera. Una vez más, por cada vocación que cumplo, hay innumerables vocaciones por medio de las cuales Dios me ama. Recibo mucho más de lo que doy. Recibo mi pan de cada día a través de miles de personas que llevan a cabo sus vocaciones. Se me conceden los elementos del florecimiento humano, como la libertad, la prosperidad y la seguridad. Se me enseña a respetar a los seres humanos porque ahora veo a mi prójimo como el medio a través del cual Cristo trabaja para mí. A través de mis propias vocaciones, se me da un propósito y una verdadera autoestima. Se me bendice con el honor y el orgullo apropiados de mi trabajo. Se me da una razón para levantarme por la mañana. Se me enseña una vez más el valor de un ser humano, porque cuando sirvo a mi prójimo, sirvo a Cristo.

Un llamado a servir al prójimo

En última instancia, la vocación se trata de lo siguiente: Dios sirve a nuestro prójimo por medio de nosotros a medida que llevamos a cabo nuestra vocación. Como indiqué anteriormente, *vocación* significa «llamado». Todo el mundo tiene un puesto en la vida —múltiples puestos, de hecho—. Una mujer puede ser madre, abogada, tía, ciudadana, esposa, voluntaria en una escuela local, etc. Esa es su posición. Esos son sus puestos. Observa que todos ellos están aprobados por Dios. Si da la casualidad de que además esta mujer es una prestamista, eso no es un puesto. Es un puesto falso que se hace pasar por una posición real en la creación ordenada de Dios. Los verdaderos puestos adquieren un nuevo significado para el cristiano. El cristiano es llamado por Dios a realizar actos de amor en esos puestos. Son más que puestos; son vocaciones o llamados.

Es difícil diferenciar entre puesto y vocación. Un abogado ateo puede superar a su colega cristiano. Pero esa no es la cuestión. La primera diferencia es la justificación, que libera al cristiano para amar. La segunda diferencia es el concepto de prójimo. A través de la lente de la vocación, el prójimo se ve diferente. El prójimo es el objetivo de la acción vocacional. Es una transacción divina: Dios ama al prójimo por medio de la vocación. Entonces, ¿quién es mi prójimo? No es una pregunta tan fácil como podríamos pensar (Lc 10:29). La respuesta es: todas las personas con las que te relacionas. Si eres esposa, tu prójimo es tu marido. Si eres padre, tus hijos son tu prójimo. Si eres enfermera, tus pacientes, compañeros de trabajo y empleadores son tu prójimo. Si eres el director general de una gran empresa, tus empleados, clientes, proveedores, accionistas y el gobierno al que pagas impuestos son tu prójimo. Si tu empresa tiene un alcance económico y medioambiental grande, entonces todo el mundo es tu prójimo. Al final, tu prójimo es la persona a la cual Dios sirve por medio de ti.

También debemos tener cuidado con nuestras definiciones de *llamado*. Hay diferentes mandatos e invitaciones de Dios que se pueden caracterizar como «llamados». Es necesario hacer una distinción entre la vocación y otros llamados para evitar mezclar la ley con el evangelio o la santificación (la vida santa que los cristianos viven) con la justificación. El llamado de Cristo a la fe es una cuestión del evangelio: los pecadores son declarados justos por la fe. El llamado al trabajo es un asunto de la ley: los justos son hechos para amar a su prójimo. En el Nuevo Testamento, el término *llamado* se utiliza para referirse tanto al llamado a confiar en Dios (2Ts 2:14) como al llamado a una vida santa (2Ti 1:9). Pedro utilizó la palabra para describir el llamado a una vida que incluirá sufrimiento (1P 2:21). El término también se utiliza para referirse a un llamado al ministerio apostólico (Ro 1:1) o a cualquier puesto en la vida (1Co 7:20).

En resumen, el término *llamado* en el Nuevo Testamento puede referirse al llamado a la fe, el llamado a una vida santificada, el llamado al sufrimiento, el llamado a una acción específica, el llamado a un oficio particular y el llamado a un puesto en la vida. Hay una relación entre todos ellos. El llamado a la fe conduce a una vida santa, que incluye el sufrimiento. Esta vida santificada es dirigida por mandatos de Dios a realizar acciones específicas que pueden implicar oficios o puestos específicos en la vida (p. ej., madre, médico, pastor), o, en el caso de quienes se convierten, pueden implicar una perspectiva y propósito nuevos en los puestos en los que ya se encuentran.

El llamado más importante es el llamado a la fe. Sin un llamado a la fe, el pecador permanece en su iniquidad (Jn 3:18). Sin un llamado a la fe, el trabajo carece de sentido espiritual (Heb 11:6). El llamado a la fe es una cuestión de justificación. Quienes creen son crucificados con Cristo y resucitados a una vida nueva (Ro 6:1-4). Aquellos que acaban de obtener una nueva vida en Cristo son también llamados a una vida santificada, como escribió san Pablo en su introducción a la primera carta a los Corintios: «a la iglesia de Dios que está en Corinto, a los que han sido santificados en Cristo Jesús, llamados a ser santos» (1Co 1:2).

Esto plantea la pregunta: «¿Cómo sabemos cuándo Dios nos está llamando?». En ocasiones, Dios se dirigió directamente a su pueblo escogido para que realizara determinadas acciones santificadas. Llamó a Noé para que construyera un arca (Gn 6:13-14) y a Pedro para que aceptara a los gentiles en la iglesia (Hch 10:9-22). Sin embargo, en lo que respecta a la mayoría de los creyentes, Dios nunca les hablará directamente, sino a través de su Palabra escrita y predicada. No obstante, está íntimamente involucrado en sus vidas. También los llama. Este es el llamado a una vocación específica. Por ejemplo, cuando Dios da el don de la vida y entrega directrices para las madres (Pr 31:10-31), llama a una mujer a la vocación de madre. Cuando Dios exige que los negocios se lleven a cabo de manera justa (Lv 19:13), llama al empresario a una relación vocacional con sus clientes, empleados, el gobierno, los accionistas y la comunidad en la que lleva a cabo sus negocios.

La vocación como escenario del florecimiento humano

Una forma de pensar en la vocación es percibirla como un escenario, es decir, como el lugar o la situación en que se producen determinadas acciones. La vocación es el escenario de la obra de Dios en el mundo, de la guerra espiritual y, en última instancia, del florecimiento humano.

La vocación es el escenario de la obra de Dios en el mundo. Es su economía del amor. Es su manera de hacer las cosas. Utiliza lo ordinario para lograr lo extraordinario en una compleja pero bellamente sencilla red de interacciones con el prójimo. Dios podría fácilmente tener tu cena preparada cuando vuelves a casa después del trabajo: un bello banquete de comida casera, dispuesta sobre una mesa de picnic cubierta por un mantel a cuadros rojos y blancos en tu hermoso patio. Es algo que ya ha hecho. Así es como alimentó a los israelitas durante cuarenta años (Éx 16:35). Hoy no lo hace así, pero todavía nos alimenta. Utiliza al agricultor, al camionero, al tendero, a la persona que prepara la comida y a otros. Se sirve de ellos para alimentarte. Trabaja por medio de las personas.

La vocación es también el escenario de la guerra espiritual. Allí, el cristiano lucha contra el diablo. En cada vocación, el cristiano es llamado a morir a sí mismo y vivir para los demás. El diablo intenta continuamente frustrar ese amor. Ataca el orden de Dios confundiendo las vocaciones. Ataca al individuo con pensamientos inapropiados de orgullo y autojustificación. Intenta que la vocación deje de ser un llamado al servicio y se convierta en una vía de autojustificación.

Por último, la vocación es el escenario del florecimiento humano. Dios nos proporciona un *propósito, libertad, seguridad* y *prosperidad* a través de las vocaciones. Estos cuatro componentes permiten que la humanidad florezca. La tragedia de un mundo pecador se manifiesta en la falta de florecimiento. El florecimiento humano es la forma en que las cosas deberían ser (y serán, en el cielo). El pecado es lo contrario, lo que no debería ser. Cada vocación trabaja para lograr este florecimiento. De este modo, los individuos reciben propósitos divinos y grandiosos que van más allá de su supervivencia o éxito.

Nada de esto funciona, o siquiera importa, sin la paz que se encuentra en Cristo. Cristo debe liberarnos del trabajo para que podamos trabajar. Ser libres de la insoportable carga de complacer a Dios es ser libres para ser lo que siempre debimos ser: personas de amor. No podemos separar la vocación de la justificación. Se necesita esta para llevar adecuadamente a cabo la otra. Como dijo Martín Lutero, parafraseando a Pablo: «Un cristiano es un señor de todo, perfectamente libre, que no está sujeto a nadie. Un cristiano es un siervo de todos, perfectamente obediente, sujeto a todos»[4].

Aquella noche, en el sótano de la iglesia, aprendí dos lecciones: una sobre la vocación y otra sobre la justificación. Dios se ocuparía de mí por medio de otras personas y sus vocaciones. Esto es un regalo. Mi intento de rechazar el regalo por algún tipo de piedad fue una locura. Al diablo con mi piedad. Soy libre de esa ley autoimpuesta. Soy libre para amar.

Capítulo 1

Liberados para amar

El potencial humano

Tendemos a suponer que aquí la Biblia utiliza las instituciones y las relaciones humanas —el matrimonio, la paternidad— como figuras retóricas para ayudarnos a entender algo sobre Dios y la realidad espiritual. Las relaciones humanas son la realidad primaria que, por analogía, puede ayudarnos a entender ciertas verdades espirituales. Sin embargo, la doctrina de la vocación nos anima a invertir la analogía. La realidad primaria está en Dios. Nuestro Padre que está en el cielo es el padre verdadero, del que los padres terrenales son pálidos reflejos. Cristo es el hijo verdadero. La relación de Cristo con la iglesia es el verdadero matrimonio. No es que Cristo sea como un novio: él es el novio. Los novios terrenales son como Cristo. Las realidades espirituales pueden ayudarnos a entender algo sobre las relaciones humanas.

—Gene Edward Veith y Mary Moerbre, *Family Vocation*
[Vocación familiar]

Mi padre nunca me dijo que estuviera orgulloso de mí. O seguramente lo hizo, pero no lo recuerdo. Honestamente, no hice mucho para ganarme esas palabras. Era un estudiante perezoso, un atleta mediocre y un músico horrible. No lograba muchas cosas que inspiraran a mi padre a señalarme y declarar: «¡Ese es *mi* chico!». Por supuesto, como es típico de los hombres estadounidenses, tampoco tenía que decirlo, al fin y al cabo. Algunas cosas simplemente se entienden. Sin embargo, no creo que sea por eso que jamás lo dijo (o que yo no lo recuerdo). La razón es que habría sido raro. Solo en determinadas circunstancias dirías que estás orgulloso de alguien de tu nivel, como tu cónyuge o un amigo. Puedes estar orgulloso de *conocer* a alguien que ha logrado algo grande, pero no te sientes orgulloso *de* él o ella. No me acercaría a un colega para darle una palmadita en la cabeza y decirle: «¡Estoy orgulloso de ti, amigo!». Sería más que extraño: sería denigrante. Como si él buscara mi aprobación, para empezar.

Independientemente de si lo hizo o no en forma consciente, creo que por eso mi padre nunca dijo que estaba orgulloso de mí. Me trataba como alguien de su nivel. Me respetaba. Me respetó desde antes de que me lo ganara o lo mereciera. Ambos somos pastores (actualmente enseño en una universidad), así que tenemos mucho en común. Cuando yo era más joven y hablábamos de teología, nunca me reprendió ni me menospreció por decir algo estúpido o incluso erróneo, aunque lo hice. Me respetó como un par intelectual mucho antes de que yo lo fuera. Habría sido extraño que le dijera «Estoy orgulloso de ti» a alguien de su nivel. Así que nunca lo hizo. O, más exactamente, no lo recuerdo, porque no era algo que me importara. Él ya me había mostrado respeto, aunque yo no lo mereciera.

Tal vez esto nos da una idea del Padre celestial, del que mi padre y todos los padres somos una imagen. ¿Podemos decir que Dios nos respeta? Considerando que en la vocación nos hace sus colaboradores, creo que, en algún nivel, lo hace. Ciertamente, no estamos a su altura. Antes de caer en pecado, Adán y Eva nunca habrían afirmado ser iguales a Dios. De hecho, lo que impulsó su caída en el pecado fue su deseo de ser como Dios. Sin embargo, al mismo tiempo, se nos creó a la imagen de Dios. Esto también es digno de respeto y derechos. Y lo que es mejor, nos redimió y nos trata como hijos herederos del patrimonio familiar (Gá 3:26-28)[1]. Esto es gracia pura, porque ciertamente no merecemos este amor ni este respeto.

Me fascina el relato de la torre de Babel, en Génesis. Dios respeta el potencial del hombre aun cuando tiene el poder de aplastar cualquier esfuerzo humano. Luego de ver que los habitantes de la tierra edificaban una torre para llegar al cielo, Dios dijo: «Nada les será imposible». Una exageración, sin duda, pero la forma en que Dios respeta el potencial de la humanidad me fascina. Fue casi como si Dios hubiera tenido miedo de su creación: «Son un solo pueblo y todos ellos tienen la misma lengua. Esto es lo que han comenzado a hacer, y ahora nada de lo que se propongan hacer les será imposible. Vamos, bajemos y confundamos allí su lengua, para que ninguno entienda el lenguaje del otro» (Gn 11:6-7).

El potencial humano es extraordinario. Ciertamente, este potencial es finito, pues somos criaturas finitas. Sin embargo, el techo es más alto de lo que percibimos. Desde nuestro punto de vista, nuestro potencial parece infinito. Es aterrador. Mi potencial de maldad es escalofriante. No fueron los tiranos quienes llevaron a cabo los infames genocidios de nuestra historia; el trabajo sucio fue hecho por personas normales. Gente corriente, como yo. Somos necios si subestimamos nuestro potencial de maldad. Sin embargo, lo contrario también es cierto. Es cierto que nuestro potencial para el bien está limitado por nuestra finitud y que nuestra pecaminosidad lo obstaculiza gravemente[2]. Sin embargo, subestimamos el potencial de Dios para obrar el bien a través de nosotros.

Lo experimenté cuando mi mujer quedó embarazada de nuestra primera hija. Siendo el mayor de seis hermanos, sabía lo que me esperaba el día en que fuera padre. No era ese padre joven que no sabe cómo sostener a un bebé o cambiar un pañal. Nada me sorprendió como padre primerizo. Sin embargo, eso no hizo de mí un padre primerizo seguro de sí mismo. Estaba aterrado, pues sabía la clase de paciencia y amor que se necesitaría, y yo no la tenía. Pensaba que mi amor tenía un límite, y que ya había alcanzado ese techo. Hasta que tomé a esa niña en mis brazos por primera vez, y mi techo se hizo pedazos. Mi potencial para el amor era mayor de lo que había pensado. Cuando mi mujer quedó embarazada de nuestra segunda hija, literalmente pensé que no podría amar a la segunda. ¿Cómo sería capaz? No podía quitarle ni un ápice de amor a la primera; estaba agotado. Y entonces tomé a la segunda niña en mis brazos. Mi techo se rompió una vez más. Cuando llegó la tercera, ya sabía lo que sucedería. Podría tener una docena de hijos, y tendría suficiente amor para todos. No tendría tiempo, energía, paciencia o dinero para todos, pero tendría amor (aun cuando fuera un amor muy pecaminoso).

Este tremendo potencial humano se origina en Dios. Nosotros, que hemos sido creados a su imagen, somos muy diferentes de la roca sin vida. Nos movemos por nosotros mismos. Poseemos esa cosa misteriosa que se llama vida. Nos distinguimos de las plantas; tenemos conciencia, y podemos pensar, amar y jugar. Somos diferentes de los animales que piensan, juegan, y quizás incluso aman. Estamos hechos a imagen de Dios, con toda la belleza, complejidad y racionalidad que conlleva esta huella divina. Hemos perdido la rectitud original, es decir, la imagen perfecta de Dios, pero sigue habiendo algo en nosotros que nos separa de todo el resto de la creación. Tenemos el asombro. Fuimos hechos para la grandeza. Y sobre todo, el creador nos ama tanto que desea redimirnos. Somos seres por los cuales Cristo murió. Somos justificables en el sentido de que Dios nos justifica a nosotros y no a las rocas.

Poseemos un valor innato. Sabemos instintivamente que fuimos hechos para algo grande; algo ciertamente más grande que este mundo caído. Generalmente, cuando vemos a alguien que no está a la altura de su potencial, nos parece trágico y no admirable. «Qué desperdicio», podemos comentar. Hay un anhelo de perfección, de cielo, de plenitud. Se nos dice que estemos satisfechos, y con razón (1Ti 6:6); sin embargo, ¿cómo podemos estarlo? ¿Cómo podemos conformarnos con una vida que termina en la muerte? Fuimos hechos para la vida, no para la muerte. Nunca debemos conformarnos con la mediocridad. Nuestro descontento es pecaminoso (todo lo que hacemos lo es), pero también es justo. Pertenece a la esencia de ser simultáneamente santo y pecador. El pecador está insatisfecho y se queja de manera egoísta, pero el creyente está insatisfecho esperando con ansias lo que ha de venir (Gá 5:5). En cualquiera de los dos casos, somos personas de drama. Sabemos que hay más. Estoy convencido de que, si en nuestras vidas no hubiera drama, nos lo inventaríamos. Tal es nuestro anhelo innato de grandeza.

Tendemos a encontrar el drama en el lugar equivocado, lo que dificulta nuestra libertad. Nos exaltamos por asuntos sin importancia y somos frívolos con los importantes. Nos liberamos donde deberíamos contenernos y nos encarcelamos en lo que somos libres. Las estrellas de Hollywood me dejan perplejo. Por un lado, odian a los paparazzi. Lo entiendo. ¿Quién quiere que toda su vida aparezca en revistas baratas o en sitios web de mala calidad? Sin embargo, nadie practica tanto la autopromoción como Hollywood. Parece haber un desfile interminable de entregas de premios. «¿Otra más?», pienso cada vez que oigo hablar de la alfombra roja de los Óscar, los Globos de Oro, los Emmy, etcétera, etcétera. Mi inmediata pretensión de superioridad moral critica el espectáculo completo: «¡Qué panda de narcisistas ensimismados!». Pero quizá eso nos da una trágica lección a todos. Jamás estaremos satisfechos. Una parte de ello es orgullo pecaminoso (el yo pecador), pero otra parte es un descontento verdaderamente justo (el yo santo). Fui hecho para la perfección, y mientras no la alcance, nada me satisfará jamás. Nada. El yo pecador nunca estará satisfecho, pero tampoco lo estará el santo, creado a imagen de Dios. El pecador está atado a la alabanza de los demás. Es otra forma de autojustificación. Cuando buscamos el drama, la importancia y el valor en los lugares equivocados, esto pone trabas a la libertad. Nos esforzamos por la validación y no por el florecimiento. El santo tampoco está satisfecho jamás, pero no porque busque justificación, sino un mundo que florezca, como siempre debió ser.

Debemos hablar de la libertad por un momento. A primera vista, pareciera que la libertad debería definirse como «Hacer lo que quiera, cuando quiera, como quiera y con la frecuencia que quiera». Pero ¿es esto verdadera libertad? El adicto dice lo mismo: «Es mi cuerpo y mi vida. Puedo hacer lo que quiera». Todos entendemos que esto no es libertad, sino la peor clase de prisión; aquella que él mismo ha creado.

Cuando peco, no soy más libre que el adicto. Soy esclavo del pecado (Ro 6, 7). Mi «libertad» para hacer lo que quiero no es ninguna libertad. Es la peor clase de prisión.

La libertad se encuentra en Cristo. En primer lugar, sé que no necesito trabajar por la aprobación del Padre. En Cristo, he sido hecho justo. No puedo complacer a Dios, ni tengo que hacerlo. Cristo ya lo hizo por mí. Estoy libre de la agobiante pregunta: «¿Soy lo suficientemente bueno para Dios?». La respuesta es no, pero Cristo hace que sea sí (2Co 1:19-20). En segundo lugar, estoy libre de tener que encontrar la justificación de mi existencia y mi valía en el mundo. Un ser humano creado a la imagen de Dios nunca estará satisfecho con tales elogios. Y ¿qué podría ser más grande que llegar a ser eso en Cristo? ¿Un ascenso, un premio, un aumento de sueldo, un premio Nobel de la Paz, un Emmy, un Óscar? Teniendo valor en Cristo, estoy libre de tener que encontrar valor en todos los lugares equivocados.

Los constructores de la torre de Babel nunca iban a alcanzar los cielos. ¿Cómo hubieran podido hacerlo? Lo que preocupaba a Dios no era la altura del edificio; era que, para empezar, hubieran deseado hacerlo. Los constructores de la torre querían hacerse un nombre. ¿Por qué? ¿A quién querían impresionar? ¿A ellos mismos? ¿A Dios? Al ser creados a imagen de Dios, tenían un deseo innato de grandeza. ¿Qué podía ser más grande que alcanzar los cielos? ¿Qué podía ser más grande que jugar a ser Dios? La ironía es que nuestro deseo de ser como Dios es lo que nos mete en problemas. Solo empeoramos las cosas. Y lo trágico es que, en realidad, Dios nos proporciona obras divinas para que las realicemos. Lo entendemos al revés. Creemos que hacernos un nombre es una cuestión de gloria, pero la gloria nunca se alcanza. Cristo nos enseña algo diferente. Su gloria está en la cruz; para él no hay alfombra roja. Nuestra gloria también está primero en la cruz. Allí es donde nuestros pecados son perdonados, y se nos hace justos. En segundo lugar están nuestras vidas de servicio a los demás, en la vocación. Dios prepara de antemano obras divinas para que las realicemos (Ef 2:10). Ser como Dios no es hacerse un nombre; es amar.

La humanidad no ha dejado de construir torres de Babel, pese a la confusión de nuestros idiomas. Enumera tus torres de Babel. Tal vez sea una casa perfecta, o una familia perfecta. Tal vez es un trabajo bien pagado, un título académico al lado de tu nombre, o un despacho con vista panorámica. El problema es que a la torre siempre se le puede añadir otro piso. Otro ascenso, otro cero al final de la cifra salarial, otro campeonato, otro premio. Podría ganar treinta premios Nobel y seguiría queriendo uno nuevo. Es una prisión de la peor clase, porque nosotros mismos nos la hemos creado. Si dejáramos de intentar hacernos un nombre y miráramos a nuestro alrededor, veríamos grandes y gloriosas tareas a nuestros pies. Solo que se verían de otra manera. Lucirían como cruces.

Dos tipos de justicia

De esto se desprende que la monastización y el establecimiento de reglamentos espirituales es un completo error en nuestro tiempo. Porque estas personas se atan delante de Dios a cosas externas de las cuales Dios las ha hecho libres, obrando así contra la libertad de la fe y el orden de Dios. Por otra parte, en aquello en lo cual sí deberían estar atadas, es decir, en sus relaciones con los demás y el servicio a todos los hombres en amor, en ello se hacen libres, sin servir a nadie ni ser útiles a nadie más que a sí mismos, obrando así contra el amor.

—Martín Lutero

Jamás he podido liberarme de este deseo de autojustificación, y no lo lograré a este lado del cielo. Este deseo se manifiesta en mi vida cada día, aun en las situaciones más simples. Cuando conduzco hacia el trabajo, por la mañana, y me encuentro detrás de un conductor lento, pienso: «Qué agradable debe de ser conducir tranquilamente un domingo, ¡pero hoy es martes y tengo un sitio al que ir!». En realidad, lo que estoy diciendo es: «¿Acaso esta gente no sabe lo importante que soy?». De vuelta a casa, luego del trabajo, noto que un conductor me sigue de cerca. Ahora pienso: «Más despacio, amigo. ¿Por qué tanta prisa? Yo también tengo un sitio al que ir». Lo que en realidad estoy diciendo es: «Soy tan importante como tú». En cada situación, intento justificar mi valor. Pero ¿ante quién? ¿Ante otro conductor que ni siquiera puede oír mi monólogo interior? ¿Ante mí mismo? ¿Acaso soy Dios? Aun en mi interior, estando solo, en un coche, sigo intentando encontrar mi valor. Acabo jugando a ser Dios, como los arquitectos de Babel. Es la idolatría máxima. Solo Dios justifica, yo no.

Tal vez lo que me empuja a esta locura es la culpa: a estas alturas, ya debería haber logrado más cosas. Debería ser yo quien necesita ir a sitios importantes. Así que sobrecompenso convenciéndome de que, si no llego pronto a mi destino, todo se desmoronará. Soy tan importante. O quizás lo hago por competitividad. «No eres mejor que yo. Soy tan importante como tú», les digo a mis críticos imaginarios. Como sea, estoy tratando de elevar mi perfil mientras se lo bajo a otra persona —alguien que nunca conoceré, como en el ejemplo anterior—.

Podría apostar que tú también te sometes a leyes imposibles, todo el tiempo. Estás siempre compitiendo. Siempre juzgando a los demás, pero no necesariamente porque te importen mucho, sino porque tú eres muy importante para ti. Tratas de disminuir a otros para poder crecer tú mismo —una inversión de la famosa frase de Juan el Bautista (Jn 3:30)—. Apostaría a que esto tampoco termina bien para ti. Al final, lo único que consigues es amargarte contra un sistema injusto, o sentir autocompasión: «Es tan difícil para mí; más difícil que para nadie».

Todo esto es un síntoma de un malentendido teológico. San Pablo nos dice que hay dos tipos de justicia. Podemos pensar en ellos como dos sistemas. El primero es una justicia por la ley, y el segundo es una justicia por la fe. En el sistema uno, construimos torres justas de Babel. En el segundo, no hacemos nada. En el primer sistema, la justicia se gana. La persona sigue las leyes y es recompensada. En el segundo sistema, la justicia se da. Cristo es justo, y su justicia es dada al pecador. El pecador cree, y se le acredita como justicia (Gn 15:6). Si entramos en el primer sistema, le estamos pidiendo a Dios que nos juzgue por nuestras obras de acuerdo a la ley. Esto es una victoria para el diablo. A él le encanta ser el fiscal que le dice al juez (Dios): «Estas son tus leyes, y esta persona no las ha cumplido. Debes castigarla». En el segundo sistema, nuestro abogado (Cristo) dice: «Toma mi vida justa y acredítala a mi cliente». Rechazar el consejo del abogado equivale a ser tu propio abogado: «Puedo presentar argumentos en favor de mi vida»[3]. Y ya sabes lo que dicen del que actúa como su propio abogado: «Tiene un tonto por cliente».

El primer sistema, el de la justicia por la ley, es la manera en que el mundo funciona generalmente. Esto es bueno. La gente es juzgada —normalmente— por lo que hace. Hay reglas (ley), y a los que siguen las reglas les va bien. A los que las rompen les va mal. Sin embargo, este es un sistema terrible para el amor. El amor se convierte en un salario ganado y deja de ser un regalo. Ya no es amor; es una obligación. Dios ya no nos ama, sino que está obligado a pagarnos el salario correcto por nuestras acciones. Ya no es un Padre para nosotros, sino un socio comercial, y además despiadado. ¿Cómo podría irle bien a un pecador en un sistema como ese?

El segundo sistema, el de la justicia por la fe, es la manera en que Dios trata con su pueblo. Esto es algo muy bueno. La gente no es juzgada por lo que hace. Hay reglas (ley), pero no son lo que hace justa a la persona (¿cómo podrían, tratándose de pecadores?). En vez de eso, Cristo es justo en lugar del pecador. Es un regalo. Es amor. El pecador es hecho justo.

El segundo sistema va en contra de los consejos habituales, como el siguiente: «Si quieres ser bueno en algo, debes practicar». Uno no nace siendo un buen carpintero. Más bien, trabaja en ello y se convierte en un buen carpintero. Una persona se vuelve paciente practicando la paciencia. Esto es una justicia por la ley. Aunque este consejo es bueno para la vida en un mundo pecador, cuando se trata del cristiano, Jesús enseña lo contrario. En una ocasión, utilizó la analogía de un árbol. Un árbol malo no puede producir frutos buenos. Solo un árbol bueno produce frutos buenos (Mt 7:17-18). La persona es hecha justa y entonces realiza actos justos.

La justificación (ser declarado justo) precede a la santificación (realizar actos justos). Nuestras torres de Babel, aun las «justas», son intentos de autojustificación, de hacernos un nombre, de ser juzgados por nuestras acciones conforme a la ley. Es un callejón sin salida. Es el sistema equivocado.

En sus primeros años como fraile agustino, Martín Lutero se encontró en el sistema equivocado. Fue parte del sistema monástico medieval. Cuando entró en la orden agustina, se comprometió con Dios. Toda su vida estaba dedicada a la obra de Dios: su tiempo; su energía; en realidad, su ser entero. Su ética estaba verticalmente orientada hacia Dios. Lutero nunca hacía nada a medias, y esto incluyó ser monje. Tomó sus votos en serio. También tomó en serio la enseñanza de *facere quod in se est*. Esta doctrina puede traducirse libremente como «Haz lo que está en ti»[4]. Está claro que los seres humanos son pecadores. Todo el mundo lo sabe. Por lo tanto, ¿cómo se salva una persona? ¿Es puramente una acción de Dios, o involucra un esfuerzo humano? La iglesia medieval practicaba una doctrina semipelagiana. Básicamente, esto significa que Dios otorga gracia, y el ser humano añade obras a la ecuación. Pero ¿qué cuenta como una buena acción humana? Ciertamente, no puede ser perfecta. La respuesta fue «Haz lo que está en ti», y Dios no te negará la gracia.

El gran avance para Lutero fue el redescubrimiento de los dos tipos de justicia. No era justo por seguir la ley. Lo intentó. Se esforzó mucho, pero lo que había en él no era bueno. Era un árbol malo. Necesitaba una justicia «aparte de la ley» (Ro 3:21). Necesitaba algo fuera de sí mismo. Necesitaba a Cristo. Fue entonces cuando las cosas cambiaron para el fraile. Se liberó de la debilitante preocupación de «¿Hice lo suficiente para complacer a Dios?». Para Lutero, Dios se había convertido en un monstruo; un ser divino que pendía del cielo sin que Lutero pudiera jamás saltar lo suficientemente alto como para asirlo. Los motivos de sus buenas acciones siempre le dejaban dudas. Y el hecho mismo de que Lutero se preguntara por sus motivos demostraba que no eran puros. Sin embargo, ahora Dios era Padre. Era Dador. Era Salvador. Era misericordioso.

Por lo tanto, ¿cuál era el sentido de su tiempo como fraile agustino si no era para complacer a Dios? O, para preguntarlo de otra manera, «¿qué debe hacer un monje?». ¿Qué haría ahora un monje —alguien cuya vida, tiempo, energía y ser enteros estaban dedicados a Dios— con todo ese tiempo y esa energía? Su respuesta fue la vocación. Se produjo una reorientación ética. Las buenas acciones ya no tenían una orientación vertical (ofrecidas a Dios) sino horizontal (hechas en servicio del prójimo). Lutero estaba curvado hacia dentro, buscando la justificación. Cuando Dios lo curvó hacia fuera, vio una justicia externa a sí mismo. Ahora, curvado hacia fuera, Lutero vio también a su prójimo, quizás por primera vez.

Esto no es exactamente justo con el sistema monástico de la época de Lutero o el actual. Los monjes y las monjas realizaban y siguen realizando grandes obras de caridad, contribuyen a las artes, hacen avances en la educación y elaboran productos artesanales. El propio Lutero enseñó, estudió y sirvió fielmente a su orden. No se enclaustró para rezar incesantemente. Sin embargo, fue una preocupación real para muchos monjes (hombres y mujeres) que abandonaron su forma de vida en los primeros años de la Reforma. ¿Qué debe hacer un monje?

En el caso de Lutero, su redescubrimiento de la justificación solo por gracia cambió su visión del trabajo (vocación). Su principal crítica al sistema monástico tuvo que ver con la doctrina de la justificación (los seres humanos son justificados solo por Cristo y no por la acción humana). Sin embargo, esto afecta profundamente la vida cristiana. En la cita que inicia esta sección, Lutero afirma que los monjes se ataron donde Dios los había liberado (a leyes hechas por el hombre) y se liberaron donde estaban atados (actos de amor al prójimo). Esos monjes y monjas recién liberados fueron libres para llevar a cabo una infinidad de vocaciones (madre, padre, abogado, agricultor, panadero y fabricante de velas). Todo ello por amor al prójimo.

Podemos imaginarnos el amor de Dios como una cascada. Se precipita sobre nosotros. Piensa en lo que Cristo ya ha hecho por ti:

creó este lugar, se hizo hombre, vivió una vida difícil, sufrió muchas injusticias a manos de los hombres, fue torturado y crucificado, tuvo una muerte horrible, fue sepultado, resucitó, ascendió hasta la derecha del Padre para gobernar todas las cosas por ti, y te está preparando un lugar en aquel cielo. Es bastante sorprendente. ¡No sé por qué nos preocupamos! Cristo ha invertido demasiado en nosotros como para no terminar el trabajo (de mantenernos en la fe verdadera y llevarnos al cielo). Esta es la cascada del amor de Dios que se precipita sobre nosotros cada vez que recibimos su absolución, oímos la predicación del evangelio y participamos de su cuerpo y de su sangre. Por no hablar de todos los dones diarios que nos ha concedido.

Supongo que podríamos intentar devolver el favor, pero sería como coger un balde de agua de esta cascada y lanzarlo hacia el cielo. No llegará allí. Inténtalo en casa, y verás que el agua solo caerá sobre ti. Así es el amor de Dios. Piénsalo en términos de adoración. La adoración, en su esencia, es confianza en Dios. La alabanza, en la adoración, es proclamar lo que él ha hecho por nosotros con sincera acción de gracias. Pero ¿a quién beneficia la adoración? ¿A Dios? No es como si hubiera una cuenta bancaria celestial en la que se depositan las ofrendas de la iglesia. Esas ofrendas (un acto de adoración) se utilizan en beneficio de la iglesia y del mundo. ¿Quién se beneficia? Nosotros. Es como tirar agua hacia arriba. Cae de vuelta sobre nosotros.

Dios nos devuelve nuestra adoración y nuestras obras en forma de dones. ¿A quién beneficia la oración? A nosotros. Nos recuerda las grandes cosas que Dios ha hecho por nosotros a medida que le repetimos estas palabras y acciones. También aprendemos a confiar, como cuando una madre pone palabras de confianza y amor en la boca de sus bebés. «Di: "Te quiero, mamá"», le enseña a su hijo, solidificando la relación de confianza y amor. ¿A quién benefician los himnos y cantos de alabanza? A nosotros, y a las personas que los escuchan. La alabanza es también una proclamación.

Lo mismo ocurre con todo nuestro trabajo. ¿Necesita Dios realmente tu trabajo? Gustaf Wingren escribió una frase memorable sobre esta misma cuestión: «Dios no necesita nuestras buenas obras, pero nuestro prójimo sí»[5]. Dios no es un narcisista que acumula todas las alabanzas y buenas acciones de su pueblo para estimular su ego. Tampoco los buenos padres ven las acciones de sus hijos como una vía para acrecentar su propio prestigio. Los buenos padres quieren que sus hijos prosperen porque aman a sus hijos. También quieren que sus hijos sean buenos ciudadanos y que amen a su prójimo. Lo mismo ocurre con Dios.

Hablamos mucho de dar la gloria a Dios. Es un concepto bíblico maravilloso, pero se trata de una abreviatura. «Trabajamos para la gloria de Dios» es la abreviatura de «Amamos al mundo sin pensar en complacer a Dios, y esto es para su gloria». *Soli Deo gloria* es una frase en latín que significa «Solo a Dios sea la gloria». A primera vista, esto pareciera significar que los seres humanos deben hacer todo para que Dios sea honrado. Es verdad, pero hay un matiz que no se debe perder. En primer lugar, teológicamente damos la gloria a Dios porque el mérito es suyo. No nos salvamos a nosotros mismos; Dios nos salvó. Cualquier doctrina que parezca dar crédito a la humanidad debe ser sometida a esta prueba: ¿Quién se lleva el mérito (la gloria)? Si la respuesta es nosotros, algo está fallando. En segundo lugar, la gloria de Dios no está solamente en su majestad divina, sino también en su amor, concretamente en la cruz (Jn 12:23-26). Un dios que solo exige las alabanzas y los actos de su pueblo en beneficio de su ego no es un dios glorioso, sino un tirano. Ese no es el Dios del cristianismo. La gloria de Dios alcanzó su mayor brillo cuando murió por la humanidad[6]. Trabajamos para su gloria cuando estamos tan libres de complacerlo que nos perdemos en el amor al prójimo. Trabajar para la gloria de Dios es la abreviatura de amar al prójimo.

Creo que a esto apunta Pablo con este curioso pasaje en el capítulo 12 de su carta a los Romanos: «Por tanto, hermanos, les ruego por las misericordias de Dios que presenten sus cuerpos como sacrificio

vivo y santo, aceptable a Dios, que es el culto racional de ustedes»
(Ro 12:1). Primero, en este pasaje hay un oxímoron: «sacrificio
vivo». Un sacrificio, por definición, está muerto. Podemos usar
la palabra *sacrificio* en un sentido amplio, pero para los cristianos
judíos que vivían en Roma (y también para los gentiles), la idea
de sacrificio hacía pensar inmediatamente en la muerte. Pablo lo
subraya añadiendo el adjetivo «vivo» al sustantivo «sacrificio»
asociado a la muerte. Cuando el cristiano vive para otra persona
por vocación, muere a sí mismo. Es realmente un sacrificio.

Lo otro curioso es la idea de culto. La palabra griega traducida
como culto en este pasaje es de donde sacamos nuestra palabra
liturgia. El término tiene que ver con el servicio y puede traducirse
correctamente como «culto religioso». Lo curioso es que Pablo
lo utiliza para describir el conjunto de la vida cristiana y no solo
los actos de culto. Recordemos que la adoración es, ante todo,
confianza. Los cristianos confían en que Dios los ha salvado de sus
pecados y los ha hecho nuevos. La antigua persona es pecadora y
siempre lo será. La nueva creación es justa y no puede ser otra cosa
que justa. Este pecador-santo es enviado a trabajar en el mundo.
Cuando el cristiano es llevado al arrepentimiento, lo viejo muere y
surge lo nuevo. El pecador egoísta también muere cuando el santo
realiza actos de amor, lo cual es un fruto del arrepentimiento. Esto
es para la gloria de Dios. Es adoración.

Tal vez debamos replantearnos, entonces, la relación entre el
domingo y el resto de la semana. Me pregunto si muchos piensan
que el domingo es nuestro tiempo de adoración y el resto de la
semana es trabajo y recreación. El domingo es para rendir homenaje
a Dios (de nosotros hacia él), y de lunes a sábado es nuestra vida
normal (de nosotros hacia nosotros). Tal vez sería mejor pensarlo
así: el domingo es para recibir (de Dios hacia nosotros), y de lunes
a sábado es para adorar (de nosotros hacia el prójimo). El domingo
(y otros días, por supuesto) se me predica, se me absuelve, se me
recuerdan los grandes actos de Dios —en la oración y la alabanza—
y se me alimenta. Recibo la cascada del amor de Dios. La lanzo

hacia arriba en alabanza, y vuelve a caer sobre mí. El resto de la semana (y también los domingos), rindo adoración llevando a cabo mis vocaciones. No me preocupa tanto lanzar baldes de agua hacia el cielo como redirigir esta cascada del amor de Dios hacia mi prójimo. No puedo lanzar el agua hacia arriba, pero puedo extender mi brazo y mi mano para redirigir este amor hacia los demás. Se escurrirá entre mis dedos y arrastrará toda mi suciedad (pecado), pero sigue siendo el amor de Dios, por muy diluido que esté.

Un reordenamiento

En esta fe, todas las obras se vuelven iguales, y la una es como la otra; todas las distinciones entre las obras desaparecen, ya sean grandes, pequeñas, largas, muchas o pocas. Porque las obras son aceptables no por sí mismas, sino por la fe, que es siempre la misma y vive y obra en todas y cada una de las obras, sin distinción.

—Martín Lutero

El término *vocación* tiene una larga historia en la iglesia. Aún hoy, *vocación* se refiere a menudo al llamado específico de la clase clerical. La «vocación» de un sacerdote, una monja o un monje es un llamado específico a una vida consagrada. Implica votos especiales y un cambio de estilo de vida. Es algo *extra*ordinario. Lutero hizo pedazos esta imagen de la sociedad al declarar que todas las distinciones desaparecen cuando se trata del trabajo. Ninguno es mejor que el otro. Ninguno es más consagrado (santo) que el otro. Son aceptables ante Dios, no por su naturaleza espiritual ni por la santidad de la persona, sino por la fe. Esto significa también que todos los trabajos son igualmente importantes. Tanto la labor del sacerdote ante el altar como la excavación del minero son obra de Dios y, por lo tanto, valiosas. No es casualidad que el término vocación, alguna vez reservado para el clero, se utilice en el mundo luterano (y más allá) para referirse a todos los trabajos.

Lutero hizo astutamente lo mismo con otra frase: «órdenes sagradas». Recibir las órdenes se refiere a alguien que asume tareas clericales. Se puede entrar en una «orden» como la Orden de san Agustín. Se trata de un nuevo orden para la vida. Incluso podríamos pensar en ellas como «órdenes de marcha». El cristiano tiene ante sí un modo de vida. Dios le da órdenes de marcha. Lutero añadió una sección a su *Catecismo Menor* (un folleto sencillo destinado a enseñar la fe) con el título «Tabla de deberes». En ella, dio consejos bíblicos para el cristiano en una variedad de situaciones (vocaciones) como padre, empleado o empleador. Este es el subtítulo de su Tabla de deberes: «Tabla doméstica de algunos pasajes bíblicos para toda clase de *órdenes y ocupaciones sagradas*, para amonestar a modo de lecturas particularmente pertinentes a su *oficio* y *deber*»[7]. Observa las palabras grandiosas, como «deber» y «oficio». Es algo serio. Observa también el golpe que Lutero le da al sistema monástico. Estas son tus «órdenes sagradas»: padre, madre, empleado, empleador. Olvídate de entrar en el monasterio o la abadía; estas vocaciones son las verdaderas órdenes de marcha sagradas.

No podemos subestimar lo que esto significó para la cultura de la Europa del siglo XVI. En aquella sociedad, tres estamentos, o clases, eran fundamentales: la nobleza, el clero y los plebeyos. Si bien estaba surgiendo rápidamente una clase media, en su mayor parte, la persona se encontraba atrapada en uno de estos tres estamentos. El noble era noble y el plebeyo era plebeyo. Había muy poca esperanza, ya fuera por matrimonio o movilidad social, de pasar de una clase a otra. La única forma era hacer un voto de celibato y entrar en el clero. Observa que esto implicaba dejar atrás un estado ordenado por Dios, el matrimonio.

Lutero veía a la sociedad en tres estamentos diferentes. Estos eran ordenados por Dios y no se basaban en la genealogía. *Ordo ecclesiasticus, politicus, et oeconomicus* puede traducirse al español como «estamentos eclesiástico, civil y doméstico». Estos estamentos son para el orden de la sociedad, y en cada uno, Dios actúa por medio de las vocaciones para gobernar su economía de amor. Cada persona desempeña un papel en cada uno de estos estamentos. No es un orden que establece lo que una persona es (plebeyo, clérigo o noble), sino un orden del gobierno amoroso de Dios en la sociedad.

El primer estamento enumerado es el eclesiástico. Se puede tener un llamado al ministerio (p. ej., como pastor), pero el cristiano también es miembro de la iglesia y, normalmente, miembro de una congregación local. El segundo estamento es el político o cívico. Se puede ser emperador, alcalde de una ciudad o simplemente un ciudadano. Sea como sea, hay un papel que desempeñar. El tercer estamento es el hogar. Más atrás incluí la frase en latín para que se vea que este estamento doméstico se relaciona con nuestra palabra *economía*. Tendemos a pensar en nuestros trabajos y nuestros hogares como dos entidades separadas, pero esto no habría sido así en la mayor parte de la Europa del siglo XVI. Piensa en una granja familiar actual o en una tienda familiar de inmigrantes de primera y segunda generación. Las líneas entre el hogar y el trabajo son borrosas. Esto nos parece malo cuando consideramos el equilibrio entre la vida y el trabajo, pero es sabio pensar en el hogar como el bloque de construcción fundamental tanto para la sociedad como para la economía.

Hoy podemos pensar en cuatro categorías en relación con la vocación: eclesial, cívica, familiar y profesional. Cada cristiano es miembro de la iglesia en general y, habitualmente, de una congregación local. En ambos casos, tiene un llamado. Se puede ser pastor, miembro de una junta directiva, profesor, o simplemente un miembro. Todo el mundo (lo quiera o no) debe lidiar con el ámbito político. ¿Eres ciudadano, miembro del consejo local, alcalde, o simplemente un votante? Todo el mundo, sin excepción, tiene un llamado familiar: «Dios ubica a los solitarios en familias» (Sal 68:6a, NTV). La mayoría tiene múltiples vocaciones familiares: cónyuge, hermano, tía, tío, primo, etc. La última categoría abarca todo. Técnicamente, alguien puede no tener una carrera reconocida (p. ej., un estudiante o un jubilado), pero aun así tiene una vocación, un llamado. La mayor parte de nuestra vida, tenemos un trabajo o una ocupación: abogado, camionero, profesor o enfermero. La vocación de un estudiante consiste en prepararse para una carrera. Está trabajando duro para un prójimo que aún no conoce. Una persona jubilada puede ejercer algún tipo de voluntariado, o ser llamada para asesorar a sus antiguos colegas. Tampoco debemos olvidar a los padres que permanecen en casa. Tener un sueldo no es un requisito para la vocación.

No es una exageración afirmar que Martín Lutero ayudó a reordenar la sociedad europea con sus doctrinas de los tres estamentos y la vocación. El cavador de zanjas era tan importante como el sacerdote. La familia era tan importante como el clero. El valor de una persona no dependía de su linaje o estatus ocupacional, sino de la justicia de Cristo y de cómo Dios usaba a la persona en una vocación. No fue un reordenamiento perfecto, ni lo será jamás a este lado del cielo, pero tuvo enormes ramificaciones para la economía, el Estado, la familia y los derechos humanos.

Tampoco es exagerado afirmar que las mismas enseñanzas pueden reordenar tu propia vida (aunque esta parezca seguir igual). «¿Quién soy?» es una pregunta razonable que todos nos hacemos. Tal vez sea mejor preguntar: «¿Qué tipo de persona tenía Dios en mente cuando me hizo, y a quién me ha llamado a servir?». Eres valioso no por tu apellido, salario o posición, sino por Cristo: primero, en tu identidad bautismal como redimido por Cristo crucificado, y segundo, como colaborador de Dios en su economía de amor.

Lutero no se propuso reordenar la sociedad, ni afirmó traer enseñanzas nuevas. Esta idea lo habría horrorizado. Detestaría que habláramos de ellas como «doctrinas de Lutero». No son suyas; son de Dios. Entonces, ¿dónde habla la Biblia acerca de la vocación? La respuesta es: aquí, allá y en todas partes. Es de esperar que notes los diversos pasajes bíblicos que salpican este pequeño libro, y que, durante la lectura, pienses en otros. Ya he mencionado varias veces a san Pablo, concretamente su carta a los Efesios, donde vemos la identidad del cristiano tanto en Cristo (justificación) como en su propósito (santificación): «Porque por gracia ustedes han sido salvados por medio de la fe, y esto no procede de ustedes, sino que es don de Dios; no por obras, para que nadie se gloríe. Porque somos hechura Suya, creados en Cristo Jesús para hacer buenas obras, las cuales Dios preparó de antemano para que anduviéramos en ellas» (Ef 2:8-10). Dios nos salva y nos utiliza.

Sin embargo, hay un par de secciones que los cristianos conocen bien pero que no siempre relacionan con la vocación. Estoy pensando en 1 Pedro y 1 Timoteo. En ambas cartas, los apóstoles empiezan con la teología de la justificación, ya sea en alabanza a Dios (1 Pedro) o en contraste con los falsos maestros (1 Timoteo). Rápidamente, ofrecen consejos para una vida santificada. En ambos casos, dichos consejos se enmarcan en la vocación. Pablo instruye a Timoteo sobre el ámbito eclesiástico —obispos y diáconos— y da consejos personales al propio joven pastor. A continuación, habla de las viudas y los ancianos, lo cual es pertinente no solo para la iglesia, sino también para la sociedad en general y la familia. La carta de Pedro abarca toda la gama: el sacerdocio real (categoría eclesiástica), los reyes y los gobernantes (categoría civil), los esclavos y los amos (categoría profesional), y las esposas y los maridos (categoría familiar). Cuando pensamos en la vida cristiana, no debemos pensar en ella como algo separado de los otros. Siempre hay un prójimo. Siempre hay un puesto. Siempre hay un llamado. Para el cristiano, siempre hay una vocación.

Neomonasticismo

El movimiento evangélico norteamericano ha engendrado lo que podría denominarse «neomonasticismo». Al igual que su homólogo medieval, el neomonasticismo da la impresión de que el trabajo religioso es más agradable para Dios que otras tareas y deberes asociados con la vida en el mundo. De acuerdo con esta mentalidad, el creyente que hace un llamamiento evangelístico, sirve en un comité congregacional, o realiza una lectura durante el servicio de la iglesia, está llevando a cabo un trabajo espiritualmente más significativo que la madre cristiana que atiende a sus hijos o el cristiano que trabaja con integridad

en una fábrica. Para el creyente, todo trabajo es santo porque él
mismo es santo y es justo mediante la fe en Cristo.

—John Pless, «Vocation: Fruit of the Liturgy»

[La vocación: El fruto de la liturgia]

George Will dijo una vez que el fútbol americano representaba
todo lo que estaba mal en Estados Unidos: violencia e incesantes
reuniones de coordinación. Me pregunto qué piensa de la iglesia.
Puede llegar a ser un lugar muy agitado y bullicioso. Sin embargo,
como dijo en broma Aidan Nichols, «Por desgracia, la "iglesia más
viva de la ciudad" tiene poco que ver con la vida de la que habla el
evangelio»[8]. ¿Cómo puede un predicador subir al púlpito, predicar
sobre la importancia de ser un buen padre, y luego, después del
servicio, anunciar una docena de eventos o reuniones a las que
los mismos padres deben asistir? Eso implica que hay dos tipos de
actividades: las actividades de la iglesia y todo lo demás. Lo uno es
de importancia eterna, y lo otro es de poca importancia. Aunque
es cierto que una sola cosa es necesaria (Lc 10:42), no significa
que la vida cotidiana no tenga sentido. Piensa en la culpa que un
boletín de la iglesia puede acumular sobre los fieles. Haz esto. Ven
a esto otro. Dona a aquello. Sé voluntario para lo de más allá. Y
todo lo anterior, además de ser trabajador, miembro de una familia,
y ciudadano. Olvídate de equilibrar vida y trabajo: también debes
equilibrar iglesia y vida, y la iglesia te necesita. ¡Jesús te necesita!
Esta es la fórmula perfecta para la desesperación. O lo que es
igualmente malo, una fórmula para la piedad autocomplaciente:
una oportunidad para complacerte y deleitarte en tu piedad
personal; una oportunidad para sentirte bien contigo mismo —
espiritualmente bien contigo mismo—. Tienes todo en orden, puedes
guiar una familia y hacer que la iglesia prospere. ¡Qué suerte tiene
Jesús de contar contigo!

Yo digo que cierren las puertas de esa iglesia con llave. O, mejor,
manténganlas abiertas para orar, estudiar, consolar y predicar el
evangelio, pero hagan que el incesante voluntario salga al mundo.
No me malinterpreten; la iglesia necesita voluntarios, pero no

tenemos que hacer que sus miembros trabajen para que se sientan espirituales. Ser mamá es espiritual. También lo es trabajar en una charcutería y asistir al recital de flauta de tu nieta. Esas cosas importan mucho más que la reunión de un comité. ¡El trabajo se hará! De eso puedes estar seguro. Cuando te necesitemos, te llamaremos. Pero solo cuando te necesitemos. Ve al mundo; ahí es donde debes estar.

Tras el ajetreo de la iglesia se esconde algo terrible. Tropezamos con nosotros mismos para ser más justos que el de al lado. Pareciera que, a veces —y algunas veces, a menudo—, en lugar de hacer algo en particular por amor al prójimo, los cristianos asumen tareas en la iglesia para culpar a otros miembros de la congregación que no comparten el mismo nivel de fervor justo. En el mundo se predica mucha ley; de hecho, es todo lo que se predica. En la iglesia debería predicarse el evangelio, no más ley farisaica. El mundo vive en el primer sistema (justicia por la ley); la iglesia vive en el otro sistema (justicia por la fe). Si la iglesia es el lugar para sentirse justo (y más justo que todos los demás), entonces no se diferencia del mundo: «Por desgracia, la "iglesia más viva de la ciudad" tiene poco que ver con la vida de la que habla el evangelio»[9].

El neomonasticismo —es decir, la idea de que el trabajo de la iglesia es más importante que el trabajo regular— implica que a Dios le interesa más lo espiritual que lo físico. Esto no es nada nuevo. Los religiosos siempre han necesitado escapar de este mundo; enclaustrarse para ser hiperespirituales. Estando lejos del mundo, pueden realmente hacer la obra divina de orar y alabar. Aquello puede convertirse rápidamente en el lugar donde los hiperespirituales son percibidos como mejores que las masas materialistas. También puede llegar a ser condenatorio si esos «héroes espirituales» creen que su sacrificio es meritorio delante de Dios. Pero ¿es realmente un sacrificio? Es un sacrificio hecho por el hombre. Una buena acción hecha por el hombre. Yo diría que ser padre o trabajar en una fábrica semana tras semana es mucho más complicado y difícil. Imagino que muchos contadores sobrecargados de trabajo han soñado con una apacible vida de contemplación.

El escapismo religioso sigue siendo escapismo. Jesús dijo que los cristianos no son de este mundo, pero dijo también que están *en* el mundo (Jn 17:14-15). Es el lugar al que pertenecemos.

En lo que respecta a una teología del trabajo, Os Guinness hace una distinción entre la «distorsión católica» y la «distorsión protestante»[10]. La distorsión católica eleva el trabajo espiritual de los monjes y sacerdotes muy por encima de los llamados ordinarios de los cristianos. La distorsión protestante simplemente deja lo espiritual fuera de lo ordinario. Y de manera algo irónica, la palabra *vocación*, arrebatada alguna vez a los monjes, ahora solo se refiere al trabajo secular, como en el término «escuela vocacional». Guinness, un protestante, considera acertadamente que las dos distorsiones corresponden al mismo error. La distorsión protestante «traiciona por completo el propósito del llamado, e irónicamente, activa una reacción contraria que regresa a las distorsiones católicas»[11]. Ambas devalúan los llamados para el trabajo de la iglesia, ya sea que lo realice el clero, buscando mérito (monjes y sacerdotes medievales), o el resto de la gente, para sentirse espirituales (laicos en la iglesia).

Dios se interesa por lo físico tanto como por lo espiritual. Él creó todo. Eso significa que no hay nada que él no reclame como suyo. Dios se interesa por las cosas pequeñas. Por supuesto que sí. Nos lo dijo cuando declaró que somos más importantes que los gorriones y que él sabe cuántos cabellos hay en nuestra cabeza (Mt 10:29-31). Dios quiere un cuarto de baño limpio y una fábrica productiva. Quiere coches que funcionen bien y planes de estudio bien pensados en nuestras aulas. Por supuesto que sí. Nuestro trabajo importa. La novelista y dramaturga Dorothy Sayers relaciona el trabajo con la verdadera piedad:

> No está bien que [la iglesia] acepte la idea de que la vida de un hombre se divide en el tiempo que dedica a trabajar y el tiempo que dedica a servir a Dios. Debe poder servir a Dios en su trabajo, y el trabajo mismo debe ser aceptado y respetado como medio de creación divina. [...] ¿De qué sirve todo eso si, en el centro mismo de su vida y de su ocupación, está insultando a

Dios con una mala carpintería? Me atrevería a jurar que, del taller del carpintero de Nazaret, no salieron jamás patas de mesa torcidas ni cajones desajustados. Ni, en caso contrario, alguien hubiera creído que eran producto de la misma mano que hizo el cielo y la tierra. Ninguna piedad del trabajador compensará un trabajo que no sea fiel a sí mismo; porque cualquier trabajo que no sea fiel a su propia técnica es una mentira viviente[12].

El trabajo importa. El trabajo de calidad importa. Es importante para Dios. Lutero dijo que los ángeles sonríen cuando un padre cambia un pañal sucio[13]. ¡Dios quiere traseros limpios! Por supuesto que sí.

¿Por qué a Dios le importan esos pequeños detalles? Porque ama, por eso. Quiere que los niños sean enseñados, y para ello utiliza directores, maestros y padres. Por no hablar de todo el personal que se necesita para dirigir una escuela. Dios quiere que la gente esté protegida, y para ello utiliza bomberos, policías y toda una serie de funcionarios del gobierno. Dios quiere que se controlen las enfermedades, y utiliza médicos, enfermeros e investigadores para llevar a cabo esta monumental tarea. También le importa enormemente el trabajo del conserje, por la misma razón. Dios lo quiere todo, y quiere que se haga bien. Utiliza personas para hacerlo. Libera a los cristianos de trabajar para él para que puedan trabajar para el prójimo.

Capítulo 2

La vocación como escenario de la obra de Dios

Dios en el trabajo

Todos estuvieron de acuerdo en que este era el verdadero heroísmo. Los deportistas profesionales y las estrellas de cine, acostumbrados a la adulación, dijeron a una voz que ellos no eran nada: los héroes eran los policías, los bomberos y otros trabajadores de la Zona Cero. Lo interesante fue que, cuando los héroes hicieron una pausa lo suficientemente larga como para ser entrevistados, dejaron modestamente de lado los elogios. «Solo estamos haciendo nuestro trabajo», dijeron. Esa es la doctrina de la vocación. Hombres y mujeres corrientes que expresan su amor y servicio al prójimo, «solo haciendo nuestro trabajo».

—Gene Edward Veith, *God at Work*
[Dios en el trabajo]

La vida del rey David nos proporciona algunos elementos para entender la vocación: primero, cuando fue elegido como nuevo rey de Israel, y segundo, cuando cayó en la tentación con Betsabé. Antes de que Saúl fuera coronado como el primer rey de Israel, el líder de la nación era el profeta Samuel. Podríamos decir que era el corazón y el alma de Israel. Después de ungir a Saúl, Samuel siguió siendo el líder espiritual de la nación. Pero más tarde, Dios lo llamó a ungir a un nuevo rey porque Saúl se había alejado de Dios. Este era un asunto delicado, porque Saúl aún era el rey de Israel y lo seguiría siendo durante años. Por orden de Dios, y para no alertar a Saúl, Samuel viajó a Belén con el pretexto de hacer un sacrificio. Se dirigió a la casa de Isaí. Allí encontraría un nuevo rey para sustituir a Saúl.

En 1 Samuel 16 se nos cuenta este encuentro entre Samuel e Isaí. La familia de Isaí no solo proveería el próximo rey de Israel, sino finalmente el Mesías. En la hacienda de Isaí, Samuel vio primero a Eliab, el alto y apuesto hijo de Isaí. «Ciertamente el ungido del Señor está delante de Él», pensó Samuel. Pero Eliab no era el elegido. «No mires a su apariencia, ni a lo alto de su estatura» (1S 16:6-7), dijo el Señor a su profeta. Aunque Eliab tenía el aspecto de un líder, Dios no lo eligió. Isaí hizo que su siguiente hijo se presentara ante Samuel, pero tampoco era el ungido del Señor. En total, Isaí hizo pasar a siete de sus hijos delante de Samuel. Pese a sus atributos, ninguno de ellos fue ungido.

Samuel preguntó entonces si quedaban más hijos. Quedaba uno, el más joven, pero estaba cuidando las ovejas. Alguien debía cuidarlas, y no era como si lo fueran a elegir para liderar una gran nación, ¿correcto? Incorrecto: «Dios no ve como el hombre ve, pues el hombre mira la apariencia exterior, pero el Señor mira el corazón» (1S 16:7). Así que el joven David se vio obligado a cumplir con su deber, convirtiéndose finalmente en el rey más famoso que Israel haya tenido jamás.

Lo que esto implica para la vocación es que Dios utiliza lo ordinario para realizar lo extraordinario. A veces utiliza intencionalmente medios ordinarios para que el mérito sea de él. Piensa en Gedeón, luchando solamente con trescientos hombres (Jue 7-8). Dios lo hace parecer tan imposible que no tenemos razones para confiar en nosotros mismos. No había forma de que Gedeón evitara concluir que el responsable de su victoria era Dios y no él o sus hombres. Asimismo, Dios utiliza lo ordinario para estar cerca de nosotros. No necesitamos escalar una gran montaña para llegar a Dios; él viene a nosotros de manera sencilla. No necesitamos estar en presencia de grandes hombres y mujeres para ver el rostro de Dios; él se oculta tras las máscaras de la gente común. De este modo, tiene intimidad con nosotros. También significa que a la gente corriente se le piden cosas extraordinarias. Aunque no llegues a ser un miembro de la realeza, como David, Dios sigue utilizándote para la acción divina. Puede que el resto del mundo no vea la importancia de tu trabajo, pero Dios no mira las cosas como nosotros.

Aunque David era un hombre conforme al corazón del Señor (1S 13:14), seguía siendo un pecador —un pecador terrible—. Su mayor caída se produjo cuando tuvo una aventura con una mujer llamada Betsabé. En relación con esta historia, tal vez hayas oído la advertencia sobre el pecado y su efecto de bola de nieve. El relato se encuentra en 2 Samuel 11. David estaba en la azotea de su palacio real cuando vio a Betsabé bañándose al sol (recordemos que las cañerías interiores no existían). Al igual que muchos otros hombres poderosos, David vio algo, lo deseó y lo tomó. Su lujuria se convirtió en una aventura. La aventura se convirtió en un embarazo, que David trató de encubrir. El encubrimiento consistió en hacer volver de la batalla al marido de Betsabé, Urías el hitita (quien estaba en el ejército de David, de lucha en Rabá). Sin embargo, Urías era un hombre honorable y no quiso disfrutar de las comodidades de su hogar mientras sus compañeros luchaban y el arca del Señor residía en una tienda durante la batalla por Rabá. David engatusó a Urías para que cenara en el palacio real a fin de emborracharlo y debilitar su integridad, pero aun así, Urías no durmió en la comodidad de su cama con su esposa. La cronología sufriría un desajuste, y todo el mundo sabría que algo andaba mal cuando Betsabé comenzara a dar evidencias de su embarazo. Así que David ideó un plan aun más retorcido. Ordenó a su ejército atacar Rabá, la ciudad que estaban sitiando. Todos los hombres deberían asaltar las murallas, pero luego retroceder. Todos conocerían el plan excepto Urías. Sería un blanco fácil. Lo mataron. O más bien, fue asesinado, pero David no lo hizo con sus manos sino con sus órdenes.

La advertencia suele ser esta: empezó con lujuria y, como una bola de nieve, se convirtió en encubrimiento, mentiras, y por último, asesinato. Por lo tanto, cuidado con los pecados pequeños; pueden convertirse en pecados mayores. Sin embargo, al principio de la historia hay un pequeño detalle que pasamos por alto demasiado rápido. Dice así: «Aconteció que en la primavera, en el tiempo cuando los reyes salen a la batalla, David envió a Joab y con él a sus siervos y a todo Israel, y destruyeron a los hijos de Amón y sitiaron a Rabá. Pero David permaneció en Jerusalén» (2S 11:1). Esas últimas cuatro palabras son inquietantes: «David permaneció en Jerusalén». Se suponía que debía proteger a su pueblo. La primavera era la temporada de las maniobras militares. Seguía a la cosecha de grano, y los hombres estaban libres para luchar. Era algo que se debía hacer. Era parte de su vocación como soldados. Si el ejército no salía, la nación podía ser atacada. Y parte de la vocación del rey era proteger a su pueblo. Sin embargo, *David permaneció en Jerusalén*. Pecó contra su vocación. Envió a Joab a hacer su trabajo. Descuidó su llamado. Por lo tanto, ¿cuál fue el primer pecado en esta bola de nieve de iniquidad que terminó en asesinato? No fue la lujuria; fue el pecado contra la vocación.

David trastornó el orden. Se suponía que debía hacer su trabajo, pero no lo hizo. Las cosas se desordenaron, y esto acarreó el desastre. Esto no significa que cada vez que alteremos el orden de Dios nuestras vidas se desbaratarán tan drásticamente como en el caso de David, pero es muy posible que las cosas no terminen bien. Tampoco significa que, cada vez que mantengamos el orden, nuestras vidas serán perfectas. Aún vivimos en un mundo pecaminoso. ¿Qué ocurre cuando el correo no llega a tiempo? Los negocios sufren, los pagos de impuestos se pierden, y el placer de recibir una carta, una tarjeta o una invitación se retrasa o no llega jamás. ¿Qué ocurre cuando la policía no cumple sus deberes? La violencia y la delincuencia se disparan. ¿Qué ocurre cuando los prestamistas hipotecarios no hacen su trabajo adecuadamente y con integridad? Los problemas financieros arruinan vidas y las recesiones pueden devastar economías enteras. Es importante que todos hagamos nuestro trabajo, ¿verdad?

Un esfuerzo cristológico

> Dios no necesita nuestras buenas obras, pero nuestro prójimo sí.
>
> —Gustaf Wingren, *Luther on Vocation*
> [Lutero sobre la vocación]

Observa que pecar contra la vocación es siempre pecar contra una persona. Urías fue asesinado. Betsabé fue atraída (quizás incluso forzada) a una situación vergonzosa. Su hijo murió. La desgracia cayó sobre la familia real. Sí, David pecó contra Dios. Lo dijo en su confesión al profeta Natán (2S 12:13). Sin embargo, los que sufrieron fueron otros. La vocación es para el prójimo, y pecar contra la vocación no es solamente pecar contra Dios y su orden, sino también contra el prójimo.

Antes de seguir adelante, debemos detenernos a reflexionar sobre la gracia de Dios en esta triste historia. Una vez que David confesó su pecado (2S 12:13), fue perdonado. Inmediatamente. Su pecado tuvo ramificaciones. El hijo nacido de esta aventura moriría. Pero Dios perdonó a David. Tal como no debemos pasar por alto el pequeño detalle de que David no fue a la guerra —lo que condujo a su lujuria, la aventura y el asesinato de Urías—, tampoco debemos pasar por alto este otro pequeño detalle: no ocurrió nada entre la confesión de David y la absolución (pronunciamiento de perdón) por parte de Natán. Este es uno de los vacíos más notables de la Biblia. No hubo «Haz esto, y Dios te perdonará». No hubo «Arrepiéntete más, y Dios tendrá misericordia de ti». David fue perdonado. Confesó y fue perdonado. Fue así de simple: «Entonces David dijo a Natán: He pecado contra el Señor. Y Natán dijo a David: El Señor ha quitado tu pecado; no morirás» (2S 12:13). Tú y yo estaremos siempre pecando, de algún modo, contra nuestra vocación. Pecaremos, por tanto, contra Dios y su orden, y de manera igualmente triste, contra aquellos a quienes debemos servir. Sin embargo, existe el perdón, y es un perdón sin condiciones. Si Dios pudo perdonar a David, no hay razón alguna para creer que no me perdonará a mí, sea cual sea la desastrosa situación que yo mismo me haya creado.

Ahora volvamos al punto original: pecar contra la vocación es pecar contra una persona. ¿Por qué eso importa? El pecado es pecado; es entre Dios y yo, ¿verdad? No es así como Dios ha establecido este mundo. El mundo en que vivimos es un mundo de relación con el prójimo. No existen los crímenes sin víctimas. Puede parecer una hipérbole, pero piénsalo. Todo lo que hago afecta a la persona que soy: lo que como, lo que leo, el ejercicio que hago, lo que pienso, etc. Y lo que soy es lo que soy para los demás. Pensemos en un ejemplo extremo. Supongamos que un hombre ve mucha pornografía. Digamos que todas las personas que aparecen en las escenas que ve son adultas que han accedido voluntariamente a realizar esas acciones. Un crimen sin víctimas, ¿verdad? Pero no puedes decirme que esas imágenes no afectan la forma en que ese hombre mira a las mujeres, incluida su propia esposa.

Pero ¿por qué eso importa? ¿Por qué insistimos en que las personas no deben ser tratadas como objetos, sino como algo más que animales? Ya he mencionado que nuestro valor proviene de haber sido creados a imagen de Dios y del hecho de que somos el tipo de criaturas que Dios amó lo suficiente como para justificarlas. En la vocación, hay una razón aun más profunda por la cual debemos respetar a los demás. Ellos son Cristo para nosotros. Cuando servimos a los demás, servimos a Cristo como si esas personas fueran realmente Cristo. Jesús dijo algo sobre este mismo asunto. Al describir el día final del juicio, señaló lo que dirá a los justos, es decir, a aquellos que confían en él:

> Entonces los justos le responderán, diciendo: «Señor, ¿cuándo te vimos hambriento, y te dimos de comer, o sediento, y te dimos de beber? ¿Y cuándo te vimos como forastero, y te recibimos, o desnudo, y te vestimos? ¿Y cuándo te vimos enfermo, o en la cárcel, y vinimos a ti?».

Respondiendo el Rey, les dirá: «En verdad os digo que en cuanto lo hicisteis a uno de estos hermanos míos, aun a los más pequeños, a mí lo hicisteis» (Mt 25:37-40).

Cuando sirves a los demás, especialmente cuando ni siquiera piensas en ello, sirves a Cristo. La vocación es un esfuerzo cristológico.

La vocación es también un esfuerzo cristológico porque, cuando otros nos sirven, quien nos sirve a través de la vocación es, en realidad, Cristo. Piensa en una cena en un restaurante. Tu camarero es, de hecho, Cristo, sirviéndote a través de ese camarero. Cristo utiliza al camarero como máscara. Y a la inversa, el camarero está sirviendo a Cristo, pues te está dando un vaso de agua fría (literalmente). ¿No cambia esto tu comportamiento con el camarero? ¿No te asombra que este acontecimiento ordinario sea en realidad divino? ¿No eres un poco más indulgente con el camarero, haciendo su turno un poco más grato, convirtiéndolo a su vez en un camarero más encantador para la próxima mesa? ¡Incluso podrías darle una mejor propina!

¿No cambiará esto su visión del trabajo? ¿No lo animará a enorgullecerse de su trabajo? ¿No será un honor servirte a ti, la máscara de Cristo? ¿No encontrará más placer en su trabajo, volviéndose un empleado más útil, y más apreciado por su empleador? ¿No sería grandioso vivir en un mundo así? Por supuesto, ese no es el mundo en que vivimos, y la razón es el pecado; no solo el pecado en general, sino el pecado contra la vocación. No obstante, es un placer cuando estas interacciones ocurren. Cristo para ti y Cristo para mí. La vocación es un esfuerzo cristológico.

Por debajo de todo está el hecho de que somos colaboradores de Dios. Esto es bastante notable, cuando lo piensas. Trabajo con Cristo, y no lo hago para mi propio beneficio (hacerlo sería impropio de él). Además, gracias a Cristo, ya tengo el cielo asegurado; no necesito preocuparme de eso en absoluto. Trabajo con Cristo en la economía de amor del Padre. Así es como él hace las cosas. Dios quiso que esa noche comieras en un restaurante no solo para que sobrevivieras; también quiso que disfrutaras de su creación, y para ello se sirvió del camarero, del cocinero y de otros muchos. En tu trabajo, en tu familia, en tu iglesia y en tu comunidad, Dios trabaja contigo. Eres su colaborador. Así es como hace las cosas.

Pareciera entonces que, al llevar a cabo la obra de Dios, hay una gran presión sobre nosotros. Por un lado, realmente la hay. Lo que hacemos importa mucho. Es algo divino porque es enteramente obra de Dios. Por otro lado, nos invade una sensación de paz. Dios trabaja con y a través de nosotros. Está de nuestro lado. Los maestros tienen de su lado al Maestro mayor. Cada predicador es un colaborador del Predicador mayor, que predicó en las laderas y en la sinagoga de Nazaret. Los padres y las madres son padres junto con el Padre supremo. Los artistas, carpinteros e ingenieros trabajan junto al gran Diseñador y Creador. Y jamás olvides que hay un sinnúmero de personas a través de las cuales Dios trabaja en sus puestos y vocaciones. No estoy seguro de por qué nos preocupan los asuntos del trabajo, la casa, o aun los de nuestra sociedad. En última instancia, no se trata de nosotros. Hacemos de esto algo demasiado personal. El que trabaja es Dios. Él hará que el trabajo se realice. Con certeza.

He mencionado la sección de 1 Pedro donde el apóstol recorre los puestos en los que se encuentran los cristianos, tales como la familia, el lugar de trabajo, el ámbito cívico y la iglesia. Tiene un aire vocacional. Primera de Pedro es también famosa por su discusión de lo que llamamos el sacerdocio real. En el Antiguo Testamento, un sacerdote era una especie de mediador, la persona entre el hombre y Dios. La persona pecadora llegaba al templo con un sacrificio, pero quien ofrecía ese sacrificio era, en realidad, el sacerdote. Este actuaba como un intermediario entre el pueblo y Dios. De hecho, solo los sacerdotes podían entrar en el templo. Aun más exclusivo era un recinto especial del templo llamado el Lugar Santísimo. Esta sala albergaba el arca de la alianza. Aquí es donde el pueblo de Dios entraba en la presencia de Dios. Solo el sumo sacerdote podía entrar en esta sala especial para hacer un sacrificio especial por los pecados de toda la nación israelita, y lo hacía solo una vez al año, en el Día de la Expiación. Todo esto era una imagen del sacrificio mayor, y del Sumo Sacerdote mayor, Jesús. Él es nuestro mediador. Es quien se interpone entre Dios y nosotros y arregla las cosas entre Dios y nosotros. Observa que Jesús es Dios. Así que no hay ninguna barrera entre Dios y nosotros. Ya no necesitamos un mediador. Dios es nuestro mediador.

Esta adoración les enseñaba varias cosas a los antiguos israelitas. Primero, que eran pecadores (impuros), y que no podían evitarlo. Algunas de las reglas del Antiguo Testamento nos parecen muy extrañas. Una mujer era impura si tenía su periodo. Un hombre era impuro después de una polución nocturna. Estar en contacto con la muerte también te hacía impuro. Son cosas que no se pueden evitar. Somos inmundos (pecadores), y no podemos escapar de ello. Observa, además, la relación entre la impureza y el ciclo de la vida y la muerte. Recibimos el pecado a través de nuestros padres, y se acaba cuando morimos. La segunda lección teológica era que la impureza excluye a las personas de la presencia de Dios. No se puede ir al cielo con pecado; de lo contrario, en lugar de cielo, sería otra vez este mundo. Tiene que haber una limpieza. La tercera lección era que los israelitas no podían limpiarse a sí mismos. Nosotros tampoco. Esto debe venir de una fuente externa. En el Antiguo Testamento, quienes hacían el trabajo eran los sacerdotes. En última instancia, eso solo era una imagen de Jesús haciendo el verdadero trabajo de limpiarnos a todos, incluyendo a quienes dependían de esos sacerdotes levitas.

Pero hay más en la historia. Dios se refirió a toda la nación de Israel como un sacerdocio (Éx 19:5-6). Fueron apartados. Eran diferentes. Eran diferentes y estaban apartados por razones específicas. En primer lugar, serían la nación que daría a luz al Salvador del mundo. A los primeros pecadores, Adán y Eva, Dios les prometió que un Salvador nacido de sus propios cuerpos los redimiría. Dios prometió específicamente esto a Abraham de una manera triple. Abraham tendría una gran familia así como una tierra para que esa familia viviera. De esa familia y de esa tierra vendría el Salvador. Es por esto, a propósito, que el Antiguo Testamento contiene todas esas interesantes restricciones dietéticas y reglas para mantener a Israel separado de las demás naciones. No se trataba de que Israel fuera mejor o diferente por ser diferente, sino que la nación tendría que sobrevivir muchos siglos para cumplir su destino de traer un Salvador. Tal vez te preguntes cómo las leyes contra el consumo de mariscos lograrían esa tarea, pero hazte esa pregunta la próxima vez que veas el desfile de las naciones en los Juegos Olímpicos. ¿Dónde está el contingente de Moab o Edom? ¿Dónde están los filisteos o los babilonios? Estas culturas y naciones han desaparecido, absorbidas por otras culturas y naciones. Pero Israel sigue teniendo un equipo. Funcionó. Tiene que haber un vínculo para unir a un pueblo. El antiguo Israel estaba unido por su propia cultura. Sobrevivieron.

Así que el primer deber de Israel era dar origen al Salvador, pero también debían ser una luz para los gentiles (las naciones). Debían hablar a otros de esta promesa. Debían predicar. De este modo, llevarían el mensaje de Dios a otros pueblos. Eran mediadores. Asimismo, eran la brújula moral de las naciones. No siempre desempeñaron bien este papel (como tampoco nosotros), pero teniendo en cuenta cuán atroz era el antiguo Cercano Oriente, Israel fue un faro de los derechos humanos y del estado de derecho, aun si nuestras mentes modernas desprecian su cultura y su forma de vida. Eran un mediador. Eran un pueblo especial. Eran santos. Eran sacerdotes. Eran un sacerdocio real para el mundo.

Cuando las personas de hoy leemos 1 Pedro, tendemos a pensar en el lenguaje del sacerdocio real como individuos. No necesitamos un sacerdote; tenemos a Jesús. En el templo, la cortina que separaba el Lugar Santo del Lugar Santísimo se partió en dos cuando Jesús murió en la cruz (Mt 27:51). El pago por el pecado fue hecho. Tenemos acceso al Padre a través de Cristo. Estamos reconciliados con Dios. Tenemos intimidad con Dios. Esto no solo es cierto, sino que es fundamental para la identidad cristiana. Pero tal vez pasamos por alto un segundo aspecto del sacerdocio real. Somos embajadores de Dios en el mundo (2Co 5:20); somos sus mediadores. ¿De qué otra manera van a conocer a Dios las naciones? Necesitan predicadores.

Necesitan que se impriman biblias. Eso es lo que hace la iglesia. También debemos, como lo fue Israel, ser una brújula moral para el mundo. Este no es el objetivo final —el perdón sí—, pero aun así, debemos actuar como sal en el mundo (Mt 5:13). Esto ocurre en la vocación. Es a través de nosotros que Dios hace su trabajo (no solo de predicar el evangelio sino también de amar al mundo). Somos sacerdotes.

Pedro y Pablo coinciden en esto. Consideremos una vez más la carta de Pablo a los Efesios. Su línea de pensamiento es la siguiente:

1. No somos merecedores de la gracia, sino salvos por gracia. No hacemos nada para ganar el amor y el perdón de Dios.

2. Somos santos. Estamos apartados. Somos un templo santo en el que habita el Espíritu Santo.

3. Dios ha preparado anticipadamente buenas obras para que las realicemos en las vocaciones.

Lee de nuevo las palabras de San Pablo a los Efesios: «Porque por gracia ustedes han sido salvados por medio de la fe, y esto no procede de ustedes, sino que es don de Dios; no por obras, para que nadie se gloríe. Porque somos hechura Suya, creados en Cristo Jesús para hacer buenas obras, las cuales Dios preparó de antemano para que anduviéramos en ellas» (Ef 2:8-10).

El *modus operandi* de Dios

La vocación es terrenal, tan escandalosamente terrenal como la humanidad de Cristo, aparentemente tan vacía de toda divinidad. En la crucifixión de Cristo, la naturaleza divina estaba solamente oculta, no ausente; estaba presente en la forma humilde del amor a los ladrones y a los soldados. Del mismo modo, Dios oculta su obra de amor a los hombres en la vocación marcada por la cruz, la cual es realmente de beneficio para el prójimo.

—Gustaf Wingren, *Luther on Vocation*
[Lutero sobre la vocación]

Durante el último otoño de mi último año de seminario, un amigo y yo nos apuntamos a una liga de golf. Fue una forma barata y divertida de ocupar unas cuantas tardes de viernes. En una ocasión, nos emparejaron con dos hombres de mediana edad. Dos ejecutivos de nivel medio, jugando en un campo de golf barato con dos veinteañeros. Hablamos a lo largo de todo el partido, y al final, uno de ellos nos dio su tarjeta de visita a cada uno diciendo: «Si buscan trabajo, háganmelo saber». Recuerdo que pensé: *A esto debe de referirse la gente del mundo real con «crear una red de contactos».* Nunca me había encontrado en una situación así. Siempre tuve la idea de ser pastor, así que fui a la «escuela de pastores». Tomé las clases que me dijeron que tomara. Con el tiempo, sería asignado —en realidad, «llamado»— a una congregación. No tuve que preocuparme y jamás pensé realmente en mi carrera. Hacer contactos en un campo de golf no formaba parte de mi mundo ni lo hará jamás.

No me malinterpreten. Era plenamente consciente de que no estaba en un club de campo privado y de que la persona frente a mí no era el director general de Apple ofreciéndome un empleo millonario. No obstante, sentí algo de orgullo por haber impresionado a este hombre de negocios lo suficiente como para que me diera su tarjeta. Nadie me había dado jamás una tarjeta de visita, a menos que estuviera intentando venderme algo. Y entonces miré la tarjeta. El hombre trabajaba en Gestión de Residuos. Su negocio era la basura. Y entonces caí en la cuenta. Los ejecutivos de todo tipo —con sus maletines, trajes de tres piezas, sus BMW y sus gastos de representación— seguían teniendo que hacer algo. El *algo* de este tipo era la basura. De camino a casa, aquella tarde, pensé en los titanes de los negocios, como John D. Rockefeller. Siempre me los imaginé, a él y a su hermano William, como hombres sofisticados haciendo cosas sofisticadas. Y lo eran. Pero al final, seguían teniendo que hacer *algo*. Comerciaron con petróleo y luego se abrieron camino en la banca. Las grandiosas vidas que imaginé que llevaban se reducían a perforar y contar, comprar y vender. Ciertamente, se enfrentaron a situaciones políticas complicadas y problemas difíciles que yo no podría resolver. Estoy seguro de que era un negocio difícil, pero también lo es la carpintería. El punto es que el ejecutivo más alto de Gestión de Residuos y el recolector de basura se dedican al mismo negocio: la basura. Por muy extraordinarios que nos veamos a nosotros mismos o a los demás, seguimos siendo personas corrientes haciendo cosas corrientes como ocuparse de la basura.

Nuestro Dios es resuelto. Se mete en lo crudo y en lo áspero. No es un «barriobajero» como los dioses de los antiguos griegos, que jugaban con la creación porque no podían evitar involucrarse en el drama, las pasiones y las ansias de los seres físicos. Tampoco es el dios de los deístas, que creó este lugar, dejó la tierra girando en su órbita, y luego se fue para jamás volver a ocuparse de un lugar tan desordenado. No, Dios está íntimamente involucrado en su creación, por amor.

Como nosotros no podemos ir a Dios, él debe venir a nosotros. Así que Dios, que es espíritu, debe tratar con la creación, que es física. Dios, que es *extra*ordinario, debe tratar con lo ordinario. Se observa un *modus operandi:* Dios utiliza casi exclusivamente lo ordinario para realizar lo *extra*ordinario. Por muy sofisticado que sea (y lo es), Dios sigue ocupándose de la basura (y de todo lo demás en este mundo desordenado). Así que se hizo hombre en la encarnación. Vivió una vida normal de sufrimiento. Tuvo una muerte horrible. Se asegura de que llueva y salga el sol. Se asegura de que la primavera llegue después del invierno y de que haya cosecha después de la siembra. Está involucrado en los detalles de este mundo. Es un Dios resuelto.

Podemos pensarlo así: si Dios es evangélico, entonces es encarnacional. Y si es encarnacional, entonces es histórico, sacramental y vocacional. Utilizo la palabra *evangélico* en su sentido original; es decir, Dios quiere que todos los hombres se salven. Lo suyo es el evangelio. Como nosotros no podemos ir a Dios, él viene a nosotros. Esto nos lleva al siguiente punto: Dios es encarnacional. Se hizo carne. Vino a salvarnos porque no podíamos salvarnos a nosotros mismos. Esto significa que es histórico. Vivió en un tiempo y en un lugar. El cristianismo alega ser real porque estas cosas efectivamente sucedieron en el tiempo y en el espacio.

También es lógico que sea sacramental. Permítanme utilizar la palabra *sacramental* en un sentido amplio. Dependiendo de la tradición cristiana, un sacramento se considera como algo físico con un componente espiritual. Los luteranos suelen definirlo como una promesa unida a una señal física, un medio por el que Dios otorga gracia uniendo su Palabra a un elemento físico (piensa en la palabra de la promesa combinada con el agua del bautismo). Observa la naturaleza física de los tratos de Dios con la humanidad. Podríamos ampliar el término para incluir la Palabra misma. La Palabra es física o llega a través de medios físicos: pluma y papel, u ondas de aire que estimulan los tímpanos. No buscamos ser iluminados por medio de una espiritualidad distante. Dios llega a donde se lo puede encontrar de maneras tangibles. Dios es sacramental.

No debería sorprendernos, entonces, que Dios sea vocacional. Hay un patrón de intimidad. Se hizo uno de nosotros, «tentado en todo como nosotros, pero sin pecado» (Heb 4:15). Sigue acercándose a su creación de maneras íntimas. Habla con palabras humanas. Lava con manos humanas. Nos alimenta con su cuerpo y su sangre. El patrón continúa a medida que actúa a través de otros en sus diversas vocaciones. Está cercano, incluso de manera íntima. En algún momento de oscuridad, podrías preguntarte: «¿Dónde está Dios?». Está en todas partes. Acechando en cada esquina, oculto tras las máscaras de tus prójimos: aquellos a los que sirves y aquellos que te sirven. Lo ordinario para hacer lo extraordinario. Ocultándose para estar cerca. Lo espiritual unido a lo físico. Este es el modus operandi de Dios, y es una realidad cotidiana.

Máscaras de Dios

Dios se oculta para no ser hallado donde los humanos quieren hallarlo. Sin embargo, lo hace para ser hallado donde él quiere ser hallado. Tal es el juego que se debe jugar con quienes buscan así a Dios. […] La razón por la que el Padre debe ocultarse tras las «máscaras» de la creación, o la *larva Dei*, es que Dios se niega a abandonar el mundo o a sus pecadores.

—Steven Paulson, «Luther on the Hidden God»

[Lutero sobre el Dios oculto]

Dios se oculta durante todo este modo evangélico de operar (y si es evangélico, entonces es histórico, encarnacional, sacramental y vocacional). Dios se oculta detrás de máscaras. Sus máscaras incluyen la creación, la carne de Cristo, la Palabra y los sacramentos, el sufrimiento y la vocación. Dios se oculta en cada una de ellas con el fin de revelarse. Esta paradoja de revelarse estando oculto es parte esencial de su *modus operandi*.

Dios se oculta de nosotros por varias razones. En primer lugar, sencillamente no podemos conocerlo de manera plena porque somos criaturas finitas. Imagina un dios que pudiera ser conocido plenamente por sus criaturas. Sería un dios lastimosamente simple y pequeño. Ni siquiera podemos conocer plenamente a las personas más cercanas a nosotros. Ni siquiera podemos conocernos plenamente a nosotros mismos. San Pablo lo entendió cuando escribió: «...ahora vemos por un espejo, veladamente, pero entonces veremos cara a cara. Ahora conozco en parte, pero entonces conoceré plenamente, como he sido conocido» (1Co 13:12). ¿Acaso un niño sabe todo sobre sí mismo? ¿No tienen sus padres una mejor idea de la realidad que él? ¿Cuánto más cierto es cuando se trata del Padre celestial y de nosotros? Nosotros también somos aquellos hijos que creen saber más que sus padres. Simplemente no tenemos la perspectiva, la experiencia o la sabiduría para entender. Así que Dios se oculta de nosotros.

Dios se oculta también para nuestra seguridad. Un Dios plenamente revelado nos causaría un enorme impacto. Moisés lo descubrió cuando subió al monte Sinaí. No pudo ver la plenitud de Dios. Habría sido demasiado. Así que Dios lo colocó en la hendidura de una roca, y Moisés vio solamente su espalda. Dios dijo a Moisés: «No puedes ver Mi rostro; porque nadie me puede ver, y vivir» (Éx 33:20). Me alegro de que Dios esté oculto, porque lo contrario sería devastador.

Sin embargo, esta es la paradoja: Dios se oculta para revelarse. Un Dios plenamente revelado es un Dios desnudo. Un Dios desnudo nos cegaría. No podríamos ver en absoluto. Así que Dios se oculta para que podamos ver. Dios se oculta para poder estar cerca de nosotros, incluso para intimar con nosotros. La cúspide de la paradoja es que el lugar donde está más oculto es donde más se revela. Ese lugar es la cruz. En la Palestina del siglo I no podría haber habido una escena más repugnante y vergonzosa que una crucifixión. Nosotros hemos producido una versión aséptica de esta imagen en el arte y la joyería. Incluso cubrimos con un taparrabos al Dios desnudo en la cruz. Es muy probable que lo hayan desnudado para avergonzarlo. La crucifixión tenía el propósito de avergonzar a la persona. En una cultura tan dura, pocos se habrían compadecido de la víctima. «Le dieron su merecido», pudieron decir. El Imperio romano era experto en propaganda. Las crucifixiones se llevaban a cabo en lugares públicos, a la vista de todos, como para comunicar: «No te metas con nosotros. Esto es lo que les pasa a los que se oponen al sistema». Es el último lugar en el que uno esperaría encontrar a Dios. Era una escena sin Dios.

Sin embargo, la cruz es el lugar donde Dios más se revela. Allí vemos cuán serio es él con respecto al pecado. Debe haber un pago. Debe haber justicia. Debe haber sangre. La alternativa es la anarquía con poca justicia para las víctimas. Aquí es donde también vemos lo serio que es Dios con respecto a la gracia. No sería mi sangre ni la tuya, sino la de Dios. No se castiga al pecador, sino a Dios mismo, en el lugar del pecador. Esto nunca se nos habría ocurrido por nuestra cuenta. Nadie elegiría a un Dios moribundo. Tiene que ser por fe. La cruz es también el lugar donde más cerca estamos de Dios. En Romanos 6, san Pablo afirma que estamos crucificados con Cristo. ¿Cómo puede suceder esto? A través del bautismo. En este acto estamos tan íntimamente conectados con Cristo, que somos crucificados, morimos, somos sepultados y resucitamos con él. En la crucifixión, nuestras naturalezas pecaminosas mueren y se nos resucita con Cristo para vivir cada nuevo día como algo diferente (santos). La cruz es donde Dios está más oculto, más revelado y más íntimamente cercano.

Del mismo modo, Dios se oculta y se revela en la creación. Aquí debemos ser cuidadosos. Algunas máscaras pueden revelar ciertas cosas, pero otras no. Debemos analizar esto mirando la Palabra de Dios, en la cual se ha revelado de forma más completa y clara. Solo así podemos descifrar la cruz, de la que ya hemos hablado. Sin su Palabra, la crucifixión sigue siendo un trágico misterio para nosotros. La naturaleza nos permite obtener algún conocimiento de Dios (Ro 1:20), pero no todo. Esto se llama teología natural. Podemos concluir que existe un ser de características divinas.

Podríamos razonar que es poderoso, porque él o ella/ello hizo este lugar. Por la misma razón, podríamos llegar a la conclusión de que este ser es inteligente, se halla fuera del tiempo y del espacio, es creativo, es una persona (o una mente, por lo que probablemente no sea un «ello») y es un agente libre, es decir, no hace nada por obligación. Dado que todos tenemos conciencia, podríamos también razonar que aquella divinidad es moral, y asimismo nosotros. Si entendemos que hemos sido creados a imagen de Dios, podemos ver que también somos personales, racionales, inteligentes, creativos y hechos para la libertad. No somos exactamente como Dios (sobre todo en lo que se refiere a atributos específicos como la infinitud), pero sí hechos a su imagen. Esto tiene enormes ramificaciones para la ética, y específicamente, para los derechos humanos.

Sin embargo, en todo esto falta algo: el amor. Podríamos suponer que este ser divino que conocemos a través de la naturaleza es bello (¿cómo no asombrarse ante la belleza natural?), pero esa belleza puede ser bastante perversa (huracanes, tornados, terremotos, etc.). También podríamos llegar a la conclusión de que lo divino está bastante enfadado y no parece diferenciar entre la gente buena y la mala. La lluvia cae sobre los justos y los injustos (Mt 5:45), y asimismo el hambre. En momentos de amargura, podemos pensar que incluso favorece a los impíos. De manera sombría, he pensado que quienes practicaban el sacrificio de niños en la antigüedad eran, en realidad, teólogos bastante buenos. Tal vez su línea de pensamiento era la siguiente:

1. Dios está enfadado con nosotros (hambruna).
2. Debemos complacerlo con un sacrificio.
3. Parece que sigue enfadado con nosotros (la hambruna persiste).
4. Debemos ofrecer un mejor sacrificio.
5. ¿Qué es más valioso que la sangre?
6. ¿Qué es más valioso que la sangre *inocente*?

¡Qué cerca de la verdad puede llevarnos la ley natural! ¡Qué lejos de la verdad puede llevarnos nuestra interpretación de la ley natural!

Así pues, la naturaleza es una máscara tras la cual Dios se oculta y paradójicamente se revela —aunque solo su ley, y de manera vaga—. Sin la guía de su Palabra, no podemos conocerlo plenamente, y acabaremos sacando conclusiones erróneas. Menos mal que se oculta tras otras máscaras. Así es como nos encontramos con el Dios oculto que se revela en la Palabra. Dios utiliza palabras. No tenía por qué ser así. Se nos podría haber dejado la onerosa tarea de buscar a Dios mediante alguna especie de iluminación. En tal caso, la carga hubiera recaído sobre nosotros, de buscar dentro o fuera de nuestro ser, en la naturaleza, la clave de la vida. Sin embargo, en lugar de eso, Dios habla. Una vez más, tampoco deberíamos pasar por alto esta obviedad: las palabras son físicas. No son físicas como un árbol, o como una persona, pero están escritas con tinta, sobre papel. Las palabras habladas crean un sonido que viaja y estimula los tímpanos. Dios se oculta en su Palabra para revelarse. La Biblia no es Dios, ni nos dice todo sobre Dios. Además, puede ser difícil de entender. Pese a su claridad doctrinal, la Sagrada Escritura no es simplemente un árido manual de instrucciones para construir un mueble. Incluye poesía y literatura apocalíptica. El lector debe cavar, estudiar, pensar y orar sobre estos textos. Dios se oculta en ellos, pero allí es también donde se revela. Dios habla. Dios nos habla. Así es como lo conocemos.

Dios también se oculta en la encarnación. No pide permiso para entrar en nuestro tiempo y espacio. Viene cuando quiere, a menudo sin ser invitado. Misericordiosamente, su entrada en nuestras vidas es para nuestro beneficio. En el siglo I entró en nuestro mundo de una manera muy peculiar. César Augusto estaba en la cúspide de su poder, y sin embargo, fue manipulado para llamar a un censo a fin de que María y José viajaran al lugar de nacimiento del rey David (Lc 2:1-20). Herodes el Grande era exactamente eso: grande. Había consolidado el poder en Palestina, incluso asesinando a miembros de su familia —infundiendo temor en todos sus súbditos—, y sin embargo, se volvió loco de envidia ante la idea de un posible rival, por pequeño que fuera. Cuando Cristo entró en nuestro tiempo y espacio, las cosas se agitaron (Mt 2:3). La política no volvería a ser la misma, ni tampoco la cultura ni la forma de pensar del mundo. Dios se puso en marcha, desde el templo hasta el vientre de María, la persona de Jesucristo y la iglesia del Nuevo Testamento. Sus pisadas sacudieron la tierra.

Pese a todos los detalles grandiosos que encontramos en Lucas y Mateo —los coros de ángeles, la manipulación de Augusto, la diatriba de Herodes, una caravana real procedente de Oriente—, y pese a toda la maravilla que es la natividad de Cristo, el foco de la historia es bastante sorprendente: un niño pequeño, acostado, ni siquiera en una cuna o una cama caliente, sino en el heno de un comedero. ¿En qué estaba pensando Dios? Finalmente va a revelarse a la humanidad en forma carnal, ¡y lo hace bajo la forma de un niño pequeño!

Nuestro Dios es un escándalo. No es alguien a quien nosotros, los seres humanos, elegiríamos racionalmente para seguirlo o para que nos salve. Jesús lo dejó muy claro cuando describió el costo del discipulado. A algunos que aspiraban a seguirlo, les dijo: «Si alguien viene a Mí, y no aborrece a su padre y madre, a su mujer e hijos, a sus hermanos y hermanas, y aun hasta su propia vida, no puede ser Mi discípulo» (Lc 14:26). Cuando envió a los Doce a predicar, una de sus últimas advertencias fue: «Y serán odiados de todos por causa de Mi nombre» (Mt 10:22). No es exactamente lo que diría un orador motivacional o un buen reclutador. Sin embargo, así es él. Es un escándalo para nosotros.

Puede parecer un poco duro, o incluso blasfemo, llamar a Cristo un escándalo, pero él mismo lo dijo a través de las Escrituras inspiradas. En la primera carta de san Pablo a la congregación de Corinto, se habla de él como un escándalo: «... predicamos a Cristo crucificado, piedra de tropiezo para los judíos, y necedad para los gentiles» (1Co 1:23), dice Pablo. La palabra traducida como «piedra de tropiezo» es la palabra griega de la cual proviene *escándalo*. Pablo tampoco utilizaba este término a la ligera. Jesucristo apartó a personas de la fe. En su carta a los Romanos, Pablo citó al profeta Isaías refiriéndose a Cristo como aquel que ofendería a quienes se alejaran de la gracia de Dios para ir hacia una religión de obras.

¿Qué diremos entonces? Que los gentiles, que no iban tras la justicia, alcanzaron justicia, es decir, la justicia que es por fe; pero Israel, que iba tras una ley de justicia, no alcanzó esa ley. ¿Por qué? Porque no iban tras ella por fe, sino como por obras. Tropezaron en la piedra de tropiezo, tal como está escrito: «HE AQUÍ, PONGO EN SIÓN UNA PIEDRA DE TROPIEZO Y ROCA DE ESCÁNDALO; Y EL QUE CREA EN ÉL NO SERÁ AVERGONZADO». (Ro 9:30-33)

Para quienes desean ganar la salvación aferrándose obstinadamente a sus propias habilidades, Jesucristo es un obstáculo. Si una persona confía en su propia capacidad para entrar al cielo, entonces Cristo no sirve de nada. Y si Cristo dice que él es el único camino al cielo (como lo hizo en Juan 14:6), entonces Cristo no solo no sirve, sino que es una ofensa para esa persona. En lugar de ser el camino al cielo, se convierte en un aparente obstáculo para llegar allí. Tanto es así que es odiado y despreciado por su amor y generosidad.

Para nuestra naturaleza humana, Jesucristo es un escándalo, un tropiezo y una ofensa, no solo porque seguirlo pueda ser duro y su misericordia pueda herir nuestro orgullo, sino porque sus caminos nos parecen un retroceso. San Pablo utiliza la misma palabra escandalosa en Gálatas 5:11: «Pero yo, hermanos, si todavía predico la circuncisión, ¿por qué soy perseguido aún? En tal caso, el escándalo de la cruz ha sido quitado». Pablo no predicaba una salvación por obras (es decir, siguiendo la ley de la circuncisión), sino por gracia. Si hubiera predicado lo primero, entonces la ofensa (escándalo) habría quedado abolida, no habría significado nada, y Cristo habría sufrido por nada. Pero ese no es el caso. Precisamente esa ofensa es nuestra salvación. Así que ahí está: la fea, ofensiva y escandalosa cruz como nuestro boleto a la gloria, a la dicha y a la maravilla. Es realmente un retroceso para nosotros.

En Cristo, Dios está oculto. Sin embargo, Cristo es Dios, y por lo tanto, también se nos revela en la carne. Es uno con nosotros. Es el Sumo Sacerdote perfecto, que sabe lo que es pasar por lo que nosotros pasamos (Heb 4:14-16). Está cerca de nosotros. Tiene intimidad con nosotros. Cuando más oculto está (en la carne, y específicamente en la cruz) es cuando está más cercano a nosotros. Y la única manera de comprender este escandaloso revelarse-estando-oculto es aceptando lo que la Palabra de Dios expresa. Su Palabra (p. ej., en Heb 11:1) nos dice: «Sí, esto es cierto a pesar de lo que ves. Confía en la Palabra, no en tu vista».

Martín Lutero entendió esto. De todo lo que realizó, de todo lo que escribió, de todas las cosas que pusieron a Europa, al mundo y a la iglesia patas arriba, quizás la más intrigante fue su Disputa de Heidelberg. Al final, lo dijo tan claramente como pudo: «Una teología de la gloria llama a lo malo, bueno, y a lo bueno, malo. Una teología de la cruz llama a la cosa por lo que realmente es. Esto es claro:

quien no conoce a Cristo, no ve a Dios oculto en el sufrimiento. Por eso prefiere las obras en vez del sufrimiento, la gloria en vez de la cruz, la fuerza en vez de la debilidad, la sabiduría en vez de la locura, y en general, lo bueno en vez de lo malo. Estas son las personas que el apóstol llamó "enemigos de la cruz de Cristo" (Fil 3:18), porque odian la cruz y el sufrimiento y aman las obras y la gloria de las obras»[1]. Sencillamente, lo entendemos al revés. ¿Quién de nosotros desea locura en vez de sabiduría y debilidad en vez de fuerza? Esto es exactamente lo que el reformador llama ser enemigo de la cruz. Cristo es un escándalo insensato para nuestro estado de ánimo. Él es diferente a nosotros. Por naturaleza, somos teólogos de la gloria, y como concluye Lutero, pensamos y hacemos lo contrario de lo que haría y diría un teólogo de la cruz. Por naturaleza, nosotros decimos «Bueno» y Dios dice «Malo»; nosotros decimos «Malo» y él dice «Bueno».

Solo por la fe podemos ser teólogos de la cruz y llamar a las cosas por su nombre, como dijo Lutero más arriba. Por supuesto, siendo simultáneamente santos y pecadores, la adicción a la gloria puede hacer que aun el cristiano más fuerte (o deberíamos decir el más débil) haga y diga cosas tontas. Es una reacción instintiva de los cristianos excusar los atributos poco razonables de Dios. Queremos hacerlo más aceptable para los potenciales conversos, o más exactamente, para nosotros mismos. Aquello en que lo convertimos depende de nuestras necesidades personales, la cultura de nuestro tiempo, y lo que es más peligroso, nuestra tendencia política.

Dios, por medio de su obra ajena, a través de la ley y el sufrimiento, nos muestra que llevamos puestos los lentes equivocados. Llevamos los lentes de la gloria. Con estos lentes, vemos el mundo a través de un paradigma orientado a la ley. Las acciones justas son buenas. Las cosas malas son malas. No obstante, si aquellas acciones se hacen dentro del sistema de justicia por la ley, se convierten en maldad pura porque actúan en contra de la fe. Y aquellas frustraciones y tragedias que parecen tan malas podrían ser en realidad buenas porque Dios las usa para el bien. Piénsalo así: si el objetivo es la fe en Cristo, y lo contrario de la fe en Cristo es la fe en cualquier otra cosa (normalmente, en nosotros mismos), entonces quizás Dios deba quitarnos primero la falsa piedad. Dios nos obliga a ver que la ley es incapaz de salvarnos y que no podemos ver con claridad las cosas de Dios. Nos quita los lentes de color de rosa de la gloria y los sustituye por los lentes de la cruz. Con estos nuevos lentes, vemos la verdad: la cruz del mal es nuestro bien eterno, y nuestras cruces también se utilizan para el bien, aunque solo sea para conducirnos a su cruz, donde él se nos revela más y tiene mayor intimidad con nosotros.

Estas tres cuestiones que acabamos de comentar confluyen en otra máscara que Dios utiliza: la vocación. En primer lugar, su intimidad oculta-pero-revelada. En segundo lugar, la teología de la cruz que acepta la Palabra de Dios. Y tercero, los lentes de la gloria en contraposición a los lentes de la cruz.

¿Te has detenido alguna vez a pensar a quién deberías agradecer cuando te sientas a comer? ¿No es un poco contradictorio dar gracias a Dios pero dárselas también a la persona que cocinó? ¿A quién se debe agradecer? ¿A Dios, o a la persona que hizo la comida? La doctrina de la vocación dice que a ambos. No se trata de una acción de gracias general por la providencia de Dios, sino literalmente de una acción de gracias por esta comida en particular. Él estuvo involucrado en este guiso particular que la abuela preparó. Así que agradecemos tanto a Dios como a la abuela. Cuando comes esa comida en particular, el amor de Dios se te revela aunque esté oculto tras la máscara de tu abuela. Esto es íntimo. Él te ha alimentado. En aquella mesa, él está tan presente contigo como lo está tu abuela. Este es un ejemplo cotidiano. Ahora, piensa en cuando tienes que ir al médico, o cuando tu profesor favorito te da clases. Piensa en el soldado que se está jugando la vida por ti en este momento, o en el pastor que, cuando finalmente fallezcas, guiará a tu familia para hallar paz en la resurrección. Oculto, pero revelado e íntimo a la vez.

Suena bien, ¿verdad? Pero la realidad parece decirnos otra cosa. ¿Es el codicioso gestor de fondos de cobertura realmente la máscara de Dios? ¿Podemos realmente decir que el empleado de la gasolinera, completamente desconectado y despreocupado del servicio al cliente, es Cristo para mí? Sí. Quienes desempeñan esas vocaciones/puestos obstaculizan el amor de Dios, pero aun así, Cristo actúa por medio de ellos. En tal situación, Dios dice: «Acepta mi palabra». Él cumplirá sus promesas de cuidar de su creación. Si pudo estar oculto/revelado/íntimo con nosotros en la crucifixión, puede estarlo hoy a pesar de nuestros pecados. Así que volvemos a preguntar: «¿Dónde está Dios?». Aquí, allá, y en todas partes, de una manera muy especial. Está presente de una manera oculta-tras-una-máscara. Nunca estás solo. Dios no está presente en tu vida de una manera vaga, sino de una manera íntima, enseñándote, alimentándote, protegiéndote, construyendo caminos para ti, limpiando tus dientes, e incluso reparando las cañerías de tu casa también.

Cuando invertimos el guión (de la presencia de Dios oculta en otros, sirviéndonos, a nuestras vocaciones frente a los demás), se hace aun más difícil comprender la presencia de Dios. ¿Se oculta Dios detrás de mí? Pero si lo único que hago es mover papeles todo el día en mi cubículo. Soy un humilde comerciante. Me gano la vida haciendo hamburguesas. ¿Es esta realmente la obra de Cristo? Sí. Dos veces sí. Sé que puede parecer un trabajo corriente, o aun menos que corriente. Sé que puede parecer que tu trabajo no «marca la diferencia» (sea lo que sea que eso signifique). El problema es que tienes puestos los lentes equivocados. Con los lentes de la gloria, vemos lo que el ser humano ve. Con los lentes de la cruz, vemos lo que Dios ve, o más exactamente, lo que él nos revela. Él ve el amor que se lleva a cabo. Aunque no pongas el corazón en ello, él sí lo hace. Aunque parezca que no «marcas la diferencia», él sí la marca. Y quizás no lo veas. Así que óyelo. Oye sus palabras. Acepta lo que dice.

La última máscara que mencioné, tras la cual Dios se esconde, es el sufrimiento. Me referiré a ella en el próximo capítulo.

Capítulo 3

La vocación como escenario de la guerra espiritual

Una reorientación ética

Porque no haces ningún servicio a Dios si te casas, permaneces soltero, eres esclavo o libre, te conviertes en esto o aquello, o si comes esto o aquello; y por otro lado, no lo desagradas ni pecas si dejas o rechazas una cosa u otra. Finalmente, no le debes a Dios nada más que creer y confesar; él te libera de todo lo demás para que puedas hacer lo que quieras sin poner en peligro tu conciencia. Esto es tan completamente cierto, que él no pregunta en beneficio de sí mismo si has dejado que tu esposa se vaya, si te has escapado de tu amo, o si has incumplido tu acuerdo, pues ¿de qué le sirve que hagas o no hagas estas cosas? [...]

Por eso ningún hombre puede dejar a su mujer, pues su cuerpo no es suyo sino de su mujer, y viceversa. Del mismo modo, el siervo y su cuerpo no son propiedad de él mismo, sino de su amo. No tendría ninguna importancia para Dios que el marido dejara a su mujer, pues el cuerpo no está atado a Dios, sino que Dios lo ha liberado para todas las cosas exteriores y solo es de Dios en virtud de la fe interior. Pero entre los hombres estas promesas deben cumplirse. En resumen: No debemos a nadie otra cosa que el amor. [...] En [otras] cosas no se puede pecar contra Dios, sino solo contra el prójimo.

—Martín Lutero

Hace unos años me reuní con un veterano de la marina a la salida de un hotel en California. Fue una visita alegre hasta que se enteró de que yo era pastor. Él había estado bebiendo —no solo esa noche, sino por treinta años—. El estacionamiento del hotel se convirtió rápidamente en un confesionario. Su forma de beber estaba directamente relacionada con su culpabilidad, y esta era fruto de su trabajo. Había pulsado los botones que *mataban* —no solo soldados, sino también civiles—, y era consciente de ello. Eso lo había arruinado. Hablamos de lo que significaba ser un soldado. Estábamos hablando de vocación, lo supiera él o no. Pero entonces llegó la hora de la verdad. Llegó el momento de la absolución. Se equivocaba al pensar que era culpable de pecado en esta situación, pero eso no importaba en ese momento. Así que lo absolví: «Te perdono en el nombre del Padre, del Hijo y del Espíritu Santo». Me gustaría poder decirte que comenzó a vivir de otra manera, dejó de beber y se convirtió en un famoso defensor de la salud mental o algo así, pero no puedo. No sé qué fue de él. Pero lo absolví, y eso es poderoso —divinamente poderoso—.

A veces tratamos de convencer a la gente de que no se arrepienta ni se sienta culpable. He oído a muchos padres ancianos decir que fallaron a sus hijos; que estos crecieron en edad pero no en madurez. «Fallé, pastor» es una frase que he oído a menudo. También he oído a mujeres decir: «Es que ya no puedo seguir. ¿Soy una mala madre?» y «Odio a esa persona que abusó de mí, y no puedo perdonarla. Sé que debería, pero no puedo». Sentimos el impulso de consolarlas diciendo algo como «Estás siendo demasiado dura contigo misma. No es tu culpa. Hiciste lo mejor que podías»[1]. Y a veces debemos decir eso, pero solo después de esto otro: «Te perdono». Son palabras de libertad.

Todas estas situaciones se dan en el contexto de la vocación. Hay un deber que cumplir y un prójimo al que servir. Cuando llega el fracaso, nos preguntamos dónde reside la culpa. Comprender adecuadamente la vocación es útil en este sentido. Empecemos con la cita de Martín Lutero que inicia este capítulo.

Como suele hacerlo, Lutero dice algo escandaloso. Da a entender que a Dios no le importa que un hombre deje a su mujer. ¿Qué? ¿Acaso a Dios no le importa la familia, lo bueno y lo malo? Lo que Lutero quiere decir es que un cristiano es justo ante Dios sin importar los pecados que cometa. ¿Qué le importa a Dios si un hombre se casa, o permanece soltero, o incluso peca? La relación entre Dios y el cristiano es buena y punto. Esto no tiene absolutamente nada que ver con la acción del cristiano; se trata únicamente de la acción de Dios. No hay nada que el cristiano pueda hacer para detener el amoroso perdón de Dios. Nada. Cristo es justo en lugar del pecador. Dios ya no ve a ese pecador, sino que ve la justicia de Cristo. Lo único que el cristiano adeuda a Dios es «creer y confesar». E incluso estas cosas buenas son obra del Espíritu en el cristiano.

La alternativa es una relación de negocios con Dios, no una relación Padre-hijo. Es una relación *quid pro quo*: tú haces esto por mí, y yo hago esto por ti. Estamos obligados a seguir las leyes de Dios, y él está obligado a recompensarnos; nosotros trabajamos, y Dios paga el salario adecuado. ¿Qué clase de padre actúa así? ¿Qué padre mantiene a su hijo recién nacido a distancia y le dice: «Estas son las reglas. Espero que puedas cumplirlas. Estas son las tareas que debes efectuar para hacer tu parte. Si cumples tus deberes, podrás formar parte de la familia. Una vez que hayas cumplido tus obligaciones, recibirás tu paga. Te alimentaré, te protegeré y te querré»? Qué horror. Ese padre le pide a su hijo algo que este no puede hacer[2]. Eso no es una relación de amor entre padre e hijo. Es un acuerdo comercial. ¿Cómo podríamos hacer lo suficiente? ¿Cómo podríamos saber si Dios nos ama? ¿Está Dios solamente bendiciéndonos de mala gana porque hemos seguido sus leyes de mala gana? Siempre hay una duda persistente, y esa duda es una prisión.

Pero entonces Lutero lo replantea. Ese mismo hombre que no le debe nada a Dios —¿qué le importa a Dios si eres bueno o malo?— está ligado a su esposa. Un hombre no puede dejar a su mujer, porque es propiedad de ella; es esclavo de su esposa. No se trata del tipo de esclavitud que conocemos, un espectáculo de depravación humana atroz, agravado por sus tortuosas justificaciones (p. ej., que es el orden natural) y a menudo contaminado por el racismo. Esta es una esclavitud de amor, que no es ninguna esclavitud, sino una verdadera libertad dada a los pecadores —ahora convertidos en santos— para cumplir su verdadero destino en Cristo. El punto, aquí, es que, en este ejemplo, el hombre está ligado a su esposa en el amor y no ligado a Dios por la ley (en la cual no hay libertad, sino obligación).

Una vez más, Lutero sigue la línea de san Pablo: «El cristiano es el más libre señor de todo, y no está sujeto a nadie; el cristiano es el más obediente servidor de todos, y está sujeto a todos»[3]. Se produce una reorientación ética. La orientación ética ya no es vertical, sino horizontal. La vida del cristiano ya no se ordena para complacer a Dios, sino para amar al prójimo.

Es útil visualizar al individuo humano ante Dios (*coram Deo*) o ante el mundo (*coram mundo*). Cuando está ante Dios, está sin vocación, «grados ni diferencias»[4]. Está solo ante Dios. A Dios no le impresiona tu apellido, tu ocupación ni tu piedad. Te juzga por lo que eres. Para el pecador, esta es una mala noticia. Para el cristiano, es una buena noticia, porque ante Dios es justo por causa de Cristo. Cuando el cristiano está *coram mundo*, está en juego la vocación: «En la vida del cristiano, la necesidad de los demás es un imperativo absoluto en lo que respecta al amor, las obras y la vocación, pero no se cuenta como nada delante de Dios»[5]. Lutero lo dijo así: «Así también el emperador, en comparación con Dios, no es un emperador, sino un individuo como todos los demás; sin embargo, cuando se lo compara con sus súbditos, es un emperador tantas veces como personas tiene a su cargo»[6]. La orientación ética cambia, de vertical a horizontal.

Gustaf Wingren argumenta que Lutero cree que la vocación es el agente ético. Lutero cree que siempre es malo, en cualquier situación, que un hombre mate. Podemos estar en desacuerdo al contemplar dilemas éticos hipotéticos como la defensa propia. Incluso podríamos racionalizar la privación de la vida en algunas otras situaciones. Lutero considera rotundamente pecaminoso el hecho de matar. Luego afirma que, cuando una persona es llamada a un determinado puesto/vocación que exige quitar la vida, esa persona está éticamente obligada a matar. El cristiano puede llevar a cabo el acto con una conciencia libre porque el puesto/vocación es el «agente ético»[7]. Así que, en una situación determinada, el soldado debe matar. El jurado debe juzgar aun cuando el mandato «No juzguen» (Lc 6:37) sigue en pie[8]. Esto dice Lutero: «Es por eso que Dios honra tanto la espada que dice que él mismo la ha instituido [Ro 13:1] y no quiere que los hombres digan ni piensen que ellos la han inventado o instituido. Porque la mano que empuña esta espada y mata con ella no es la mano del hombre, sino la de Dios, y no es el hombre, sino Dios, quien ahorca, tortura, decapita, mata y combate. Todas estas cosas son obras y juicios de Dios»[9]. Esto, por supuesto, no significa que los seres humanos estén exentos de castigo. «Solo estaba haciendo mi trabajo» no es una excusa para pecar. Por el contrario, en el contexto de sus vocaciones, los seres humanos son responsables de sus acciones. Sería un pecado contra la vocación propia (por lo tanto, contra el prójimo y, en realidad, contra toda la humanidad) que un soldado matara indiscriminadamente o que las autoridades emprendieran una guerra injusta. De modo que las ideas de Lutero y de Wingren sobre la «vocación como agente ético» no eliminan todos los dilemas éticos. Podríamos discrepar, por ejemplo, en la definición de lo que es una «guerra justa».

Lutero y Wingren solo quieren decir que los cristianos pueden cumplir con una vocación libres de culpa porque, primero, el cristiano ya no está éticamente orientado a Dios, y segundo, porque Dios estableció estas vocaciones en un mundo desordenado. Por lo tanto, aunque juzgar o matar pueda estar mal, no está mal que un Dios justo lo haga. Si Dios utiliza a la persona (en la vocación) para llevar a cabo su juicio justo, entonces la responsabilidad ética es de Dios, no de la persona que lleva a cabo la vocación.

La reorientación ética —de vertical a horizontal— no significa que el ser humano sea libre de pecar. «¡De ningún modo! Nosotros, que hemos muerto al pecado, ¿cómo viviremos aún en él?» (Ro 6:2). El cristiano es santo-pecador, y a este lado del cielo, siempre experimentará una lucha entre la vieja naturaleza pecadora y la nueva creación (Cristo viviendo en nosotros). Por lo tanto, aún hay cuestiones éticas que se deben discutir. Ya hemos visto que la vocación siempre involucra al prójimo. En consecuencia, pecar contra la vocación es siempre pecar contra el prójimo. Personas resultan dañadas. Observa que la poderosa acción de la vocación (la obra de Dios a través de seres humanos) puede significar que un pecado contra la vocación (p. ej., abusar de un hijo) producirá resultados terribles. La vocación es poderosa. Nuestro potencial para el bien es grande, pero también lo es nuestro potencial para el mal.

Sin embargo, la reorientación antes mencionada nos ayuda a utilizar el marco de la vocación para orientarnos en el mundo. Si estoy libre de intentar complacer a Dios, entonces mi energía se orienta hacia esta vida. Y si mi energía se emplea en una variedad de vocaciones (en mi caso, como padre, ciudadano, profesor, etc.), entonces estoy siempre orientado al prójimo. La vocación es el lugar donde la ética se aplica en la práctica.

Por lo tanto, ¿cómo debo ver a mi prójimo? Utilizaré mi propia situación —profesor universitario— como ejemplo. ¿Cómo debo ver a mis alumnos? Digamos que mi objetivo en la vida es avanzar en mi investigación, escribir libros, y en general, subir de rango intelectual en mi campo. Sin embargo, el campo de la teología no se presta para una vida de estudio tan independiente. Así que debo conseguir un empleo. En este empleo, enseño a estudiantes de primer año. Me pagan, tengo acceso a herramientas de investigación (la biblioteca de la universidad) y tiempo para estudiar. Pero ¡esos estudiantes de primer año! Tengo que enseñarles las mismas cosas básicas, año tras año tras año[10]. Tengo que enseñarles; de lo contrario, no tendré los medios ni la oportunidad de cumplir mis objetivos. Por lo tanto, ¿cómo veo a mis alumnos —es decir, a mis prójimos—? Los veo como un medio para un fin. Los utilizo para mi fin. Sin embargo, aun los estudiantes de primer año son personas, no cosas. Utilizamos cosas, no personas. Cuando utilizamos a las personas, las tratamos como infrahumanas. Las *maltratamos*. Podríamos incluso decir que *abusamos* de ellas. Ahora, piensa en cómo mira un jefe a sus empleados o un abogado a sus clientes. ¿Son medios para un fin? ¿Son cosas que se utilizan? ¿O son prójimos?

Sin duda, el director general de una gran empresa tiene razón al pensar en sus accionistas cuando toma decisiones. Son sus prójimos. Sin embargo, también debe tener en cuenta el impacto producido en sus clientes y en las personas afectadas por la empresa. Estos también son sus prójimos. La ganancia no es lo esencial; sus prójimos —cada uno de ellos— lo son. Este es un asunto delicado. ¿Cómo debería actuar, por ejemplo, un comercializador? Vender un producto no está mal, pero la manipulación no sirve al prójimo, sino que lo utiliza para obtener beneficios.

Seamos sinceros. Todos hemos visto a nuestros prójimos como objetos. No es indispensable estar dedicado a un tipo de explotación atroz para ser culpables de utilizar a las personas. Cuando juzgamos a las personas, las *utilizamos* para vernos mejor (autojustificación). *Utilizamos* a nuestros compañeros de trabajo para tomar la delantera. *Utilizamos* a nuestros empleadores para obtener beneficios económicos personales. *Utilizamos* a quienes están debajo de nosotros para hacer nuestro trabajo. *Utilizamos* a las personas. Y cuando *utilizamos* a otros seres humanos, los maltratamos, y eso significa que hemos abusado de ellos. Y aun más atroz —aunque parezca exteriormente piadoso— es realizar buenas acciones para nuestro prójimo con el fin de complacer a Dios. Utilizamos al prójimo para nuestra propia santificación ante Dios.

Una comprensión adecuada de la vocación, especialmente de la libertad que tenemos en el perdón de Cristo, es útil. Nos ayuda a ver al prójimo como la meta ética y nuestras vocaciones como las vías que Dios utiliza para su propósito divino. Incluso nos permite calmar nuestras conciencias. En muchas situaciones, podemos pensar: «Solo estaba cumpliendo con mi vocación. Hacía mi trabajo. No intentaba dañar a nadie». Esto puede ser cierto. Pero aun así, sé que hay culpa. Aquel veterano de la marina «solo hacía su trabajo», pero trabajamos en un mundo caído. Así que aquí estamos, en un mundo desordenado, intentando averiguar si lo que hicimos estuvo bien o mal. Aquí estamos. Tal vez en el estacionamiento del hotel. Fracasos. Así que, qué tal esto: Te perdono. Te perdono en el nombre del Padre y del Hijo y del Espíritu Santo. Amén.

¿La virtud por la virtud, o por el prójimo?

Si hoy preguntaras a veinte hombres buenos cuál piensan ellos que es la más alta de las virtudes, diecinueve responderían que el desinterés. Pero si le hubieras preguntado a casi cualquiera de los grandes cristianos de antaño, habría respondido que el amor. ¿Ves lo que ha ocurrido? Se ha reemplazado un término positivo por uno negativo, y esto es de una importancia más que filológica. La idea negativa del desinterés no entraña principalmente la sugerencia de asegurar cosas buenas para los demás, sino la de prescindir de ellas nosotros mismos, como si lo importante fuera nuestra abstinencia y no la felicidad de los otros. No creo que esta sea la virtud cristiana del amor. El Nuevo Testamento tiene mucho que decir sobre la abnegación, pero no sobre la abnegación como un fin en sí mismo. Se nos dice que nos neguemos a nosotros mismos y que tomemos nuestras cruces para poder seguir a Cristo; y casi todas las descripciones de lo que finalmente encontraremos si lo hacemos contienen una apelación al deseo.

—C. S. Lewis, *The Weight of Glory and Other Addresses*
[El peso de la gloria y otros discursos]

¿Tienes una empleada doméstica? Una vez hice esta pregunta a un grupo de personas que conocía. Todos respondieron «No» aunque recurrieran a un servicio de limpieza. Eran el tipo de personas que trabajaban duro. Eran autosuficientes. Andar en busca de dádivas era no solo un signo de debilidad, sino de inmoralidad. Les pregunté: «¿Por qué no contratan a una empleada doméstica?». Antes de que pudieran responder, les propuse varias respuestas a la pregunta. Opción 1: Tal vez es por falta de dinero; aunque, por otra parte, ninguno de ustedes sufre pobreza. ¿Cuántos coches tienen en la entrada? Opción 2: Tal vez es porque no quieres malcriar a tus hijos. ¿Son los mismos hijos con teléfonos inteligentes? Además, no es como si la empleada tuviera que limpiar sus habitaciones. Opción 3: Tal vez cuidas tu privacidad y no quieres una persona extraña en tu casa. Por favor, acabas de publicar quince fotos donde apareces en pijama acurrucándote con tu gato. Eres un libro abierto. Opción 4: Tal vez piensas que podrías gastar ese dinero en cosas más honorables. ¿Como qué? ¿Vacaciones en Miami? ¿No es tu tiempo más valioso que el dinero?

Imagina una familia típica. Ambos padres trabajan. Llevan un estilo de vida ajetreado. Tú eres uno de esos padres. Llegas a casa un jueves por la tarde. Hay mucho correo acumulado, además de muchos correos electrónicos. Hay un montón de ropa sucia acumulada y tu hijo lleva los calzoncillos al revés porque no queda nada limpio. Las ventanas están tan sucias que apenas se puede ver: «¿Cuándo fue la última vez que las lavamos? ¿En junio?». «No, creo que fue hace dos veranos». Pero ahora no tienes tiempo para pensar en ello porque hay un sitio al que debes ir. No recuerdas cuál, pero sabes que es un lugar importante. ¿Clases de flauta? ¿Reunión de padres en la escuela? ¿Entrenamiento deportivo? Necesitas chequear el horario y reunir a los niños, que ya están agotados pero paradójicamente llenos de energía tras la jornada escolar. Así que vuelves a salir, y compras comida rápida en el camino porque una comida casera es un lujo que solo puedes permitirte dos veces al mes.

¿No sería agradable llegar a casa sin encontrar algunas de estas tensiones? ¿La ropa doblada, las ventanas limpias, los platos guardados, las alfombras aspiradas, y tal vez incluso la cena preparada? Solo por una vez. Quizás una vez por semana, o siquiera una vez al mes. ¿No ayudaría a tu matrimonio, esa disminución del estrés? ¿No te haría un poco más paciente con tus hijos? ¿No beneficiaría a tu cintura, una hamburguesa con menos grasa? Solo una vez al mes. No costaría tanto. ¿No cambiaría tu visión de la vida, aunque fuera un poco, una noche al mes?

Entonces, ¿por qué no contratas a una empleada doméstica? «Porque nosotros limpiamos nuestro propio desorden», es la respuesta. Es una cuestión de orgullo. O más que eso, una cuestión de estar «curvado hacia dentro», una cuestión de autojustificación. En esta casa trabajamos duro. No necesitamos ayuda. Yo hago mi propio trabajo. No soy un blandengue que vive de la herencia familiar. Soy independiente. Yo. Yo. Yo. Nuestro trabajo deja de ser un don recibido (un propósito para nuestra vida) y un don de Dios para los demás (una vocación en favor del prójimo) para convertirse en una vía de autojustificación.

Ahora veamos la situación a través de la lente de la vocación. Soy padre. No doy abasto. Estamos todos igual. Si estoy curvado hacia dentro, miro lo que debe hacerse en la casa y digo: «Lo haré yo mismo», con no poca autocompasión. Pero si estoy curvado hacia fuera, y veo el beneficio que obtendrían mi matrimonio y mi familia si yo anduviera un poco menos estresado y no tan ocupado, puedo olvidar mi orgullo por un minuto y ver una oportunidad para el amor. No se trata necesariamente de contratar un servicio de limpieza, por supuesto. Puede ser cualquier cosa: un cambio de aceite, un contador a la hora de los impuestos, alguien que corte el césped. Tal vez no es necesario que repare la fontanería yo mismo. Desde luego, cada uno tiene una situación económica diferente, y hay cosas que no nos podemos permitir, pero aun así, ¿no ayudaría, además de ayudar a tu familia, a la economía de la persona contratada? Como sea, nadie es completamente autosuficiente. Dependemos de que muchísimas personas lleven a cabo su vocación. No hacemos ni podemos hacerlo todo. No bates tu propia mantequilla, ¿verdad? Entonces, ¿por qué no contratar a una empleada doméstica?

Es una cuestión de virtud —o, para decirlo en términos teológicos, santificación (la vida santa que los cristianos viven como personas que Cristo ha hecho justas)—. ¿Cuál es el propósito de tu virtud o santificación? ¿Cuál es el telos —objetivo, fin, propósito—? ¿Es la virtud por la virtud, la santificación por la santificación, o es otra cosa? En la vocación, el telos es el prójimo, no Dios ni nuestra propia virtud. Mis acciones salen de mí con un objetivo único: el prójimo. No necesitan, ni pueden, ir más allá de ese objetivo, hasta Dios. Ni tampoco el flujo de amor al prójimo regresa a mí para que pueda decir: «Yo soy: soy paciente, soy generoso, soy bondadoso, soy buen padre, soy buen ciudadano, soy buen vecino, soy autosuficiente, soy un trabajador esforzado. Yo soy»[11]. Si mi virtud tiene como fin mi propia virtud, entonces he utilizado a mi prójimo para mi propio beneficio. Lo he tratado no como una persona (y mucho menos como Cristo), sino como una cosa; lo he utilizado. E incluso si lo hago en términos virtuosos, como la *autosuficiencia* o el *trabajo duro*, lo estoy utilizando.

El cristiano está libre de una carga tan aplastante. No me hago santo, o siquiera virtuoso, a mí mismo. Dios me santificó. Me hizo santo, y las personas santas realizan actos santos. Pablo llegó incluso a declarar que los cristianos son «esclavos de la justicia» (Ro 6:18, NVI). En esta «esclavitud», somos libres —libres para amar—. Pero el cristiano es pecador y santo al mismo tiempo. Así que se libra una batalla. Una batalla de muerte y resurrección. La vieja naturaleza pecaminosa muere, y la nueva creación (Cristo viviendo en nosotros) resucita para vivir una vida nueva. Pablo expone esto en Romanos 6, en el contexto del bautismo. El bautismo es una muerte y una resurrección. Ocurre una vez, pero también cada día: ocurre una vez con agua, como una adopción en la familia de Dios. Ya sucedió. Es un hecho histórico tan real como las cotizaciones bursátiles de ayer. Sin embargo, cada vez que hay arrepentimiento y perdón, hay otra muerte y otra resurrección. Es un bautismo diario. Cada día, muero y resucito.

Si estás bautizado, piensa en tu certificado de bautismo. El mío está colgado en la pared de mi habitación. Lo veo todos los días, y me recuerda quien soy. Mi identidad está en Cristo. En última instancia, no soy el pecador que era ayer. Al diablo con ese tipo: está muerto. Ahogado en las aguas del bautismo. Crucificado y sepultado con Cristo (Ro 6:3-4). De modo que, cada día, es un día nuevo, en el que puedo gritar: «¡Adelante, mundo! Puedes quitarme mis bienes y

mi salud. Puedes incluso quitarme la vida, pero no puedes quitarme
el bautismo. Sucedió. Es un hecho histórico. ¡No puedes deshacer
la campanada! El certificado está justo frente a mis ojos». Y luego,
mañana, este pecador-santo lo hará otra vez, hasta que un día habré
resucitado por toda la eternidad y la batalla habrá terminado.

Hasta entonces, será una lucha, por decir lo menos. Piensa en
la señal de la cruz, hecha en el bautismo, como un símbolo doble.
Muchos, si no la mayoría, de los cristianos bautizados a lo largo de
la historia del mundo recibieron la señal de la cruz en sus bautismos.
No es algo necesario, por supuesto, pero es sensato. Por lo general,
se dice lo siguiente: «Recibe la señal de la cruz, en la cabeza y el
corazón, como redimido por Cristo crucificado». Hermoso. Estoy
tatuado con Cristo. Tengo un nuevo apellido. Estoy marcado.
Pertenezco a Dios. ¡Adelante, mundo! Fui redimido por Cristo,
y eso ocurrió en la cruz. Cuando hago la señal de la cruz, se me
recuerda la acción salvadora de Cristo por mí, así como mi muerte
y resurrección bautismales en él. ¡En serio, adelante, mundo! Pero
la cruz tiene un doble significado. También me recuerda mi cruz.
Esta vida no es fácil. Nadie dijo que lo sería, especialmente Jesús (Jn
15:18-25). Llevo una carga. Llevo una cruz. Estoy marcado con ella
desde el bautismo.

Llamamos a esto «batalla espiritual». Estamos constantemente
muriendo y resucitando. Seguimos pecando y siendo perdonados.
Este morir es primero el martillo de Dios. Él me aplasta. Me recuerda
que soy absolutamente incapaz de lograrlo solo. Lo necesito a él. Esta
es su obra ajena (a través de la ley y el sufrimiento) que se necesita
antes de que pueda hacer su obra propia (el consuelo del evangelio
por medio del perdón). Sin embargo, este morir es también para
los demás. La cruz tiene un nuevo significado en el contexto de
la vocación. Cuando muero a mí mismo, yo, como cristiano, vivo
para los demás. Aquí está otra vez el prójimo. Muero por alguien.
El escenario de la batalla espiritual es la vocación.

Cuando una madre sacrifica su tiempo, su energía, su paciencia,
su cordura, y aun todo su cuerpo por sus hijos, muere. Es una carga.

Es una cruz. Es una cruz en el sentido de que puede preguntarse si vale la pena. Puede preguntarse: «¿Qué hay de mí, de mi tiempo, de mis sueños y de mis objetivos?». Puede preguntarse si sigue siendo amada, si sigue siendo bonita, si sigue siendo valiosa, si sigue siendo productiva. Se siente agobiada, y a través de sus propios lentes de gloria, le parece una muerte. Pero no debe confiar en sus ojos, o siquiera (a veces) en su razón, sino ponerse los lentes de la cruz. Debe convertirse en una teóloga de la cruz y oír a Dios llamar las cosas por su nombre. Dios declara que su muerte es hermosa y que su cruz es gloriosa. Y lo son. No hay nada más hermoso que una madre. Muere a sí misma y vive para sus hijos. Está libre de la carga suprema gracias a la cruz de Cristo. Su cruz le recuerda la de él[12], y por lo tanto, la libertad que tiene en Cristo. Es libre para llevar una cruz, no como instrumento de duda desesperada, sino como una señal de amor. Se libera cuando renuncia a su libertad por amor a sus hijos.

Cuando un soldado es herido, cuando una maestra dedica tiempo a un estudiante después de la escuela, cuando una enfermera limpia la habitación de un paciente, cuando un obrero de la construcción trabaja al calor del día, cuando un camionero avanza a través del tráfico urbano, cuando un carpintero se toma su tiempo en su oficio, cuando un vendedor es activo por su familia, todos ellos mueren a sí mismos para vivir para los demás. Llevan cargas, pero son cargas ligeras, pues todos trabajan con Cristo a su lado, como colaboradores en amor. Y eso es algo hermoso, aunque nadie en este mundo hastiado lo vea así.

El viejo hombre no ama al prójimo. Es una molestia para él. El prójimo se interpone en su camino. Al igual que el juez tirano de la parábola de Jesús sobre la viuda persistente, el viejo hombre soporta a su prójimo de mala gana. Solo quiere librarse de la molestia. Luego de que la viuda de la parábola molestara al juez, este pensó: «Aunque ni temo a Dios, ni respeto a hombre alguno, sin embargo, porque esta viuda me molesta, le haré justicia; no sea que por venir continuamente me agote la paciencia» (Lc 18:4-5). Para el nuevo hombre, en cambio, el prójimo es un deleite. La vocación es el cuadrilátero en el que se enfrentan el viejo hombre y el hombre nuevo, donde el viejo muere y el nuevo se levanta.

El ataque del diablo

Caemos en alternativas debilitantes: el fatalismo (hacer lo que exigen las «fuerzas» y los «poderes»); la suerte (que niega la existencia de un propósito en la vida y la reduce a un conjunto de accidentes); el karma (que vincula el desempeño con recompensas futuras); el nihilismo (que niega que las tribulaciones de la historia puedan conducir a algún buen final); y la alternativa más común hoy en día, la autorrealización (en la que inventamos el sentido y el propósito de nuestras vidas, convirtiéndonos en magos).

—R. Paul Stevens, *The Other Six Days*

[Los otros seis días]

Dios es un Dios de orden (1Co 14:33). El desorden es un problema. El desorden se debe al pecado. O más que eso, es pecado. No es la forma en que las cosas deberían ser. Dios es un Dios de orden no porque sea un tirano, sino porque es amor. Quiere lo mejor para nosotros. El diablo quiere el desorden. Pero es inteligente, incluso astuto. Quiere que creamos que el desorden es orden o que el desorden es bueno. El diablo quiere sacar a los cristianos de sus vocaciones de una manera u otra. Pero tenemos un Dios misericordioso, y de todos modos él utilizará a las personas para amar en un mundo desordenado (Ro 8:28).

Considera el ejemplo de un padre y de un abuelo. Imagina un diagrama de Venn. Los dos círculos representan cada uno una vocación (padre y abuelo). Ambas vocaciones (círculos) describen la esfera de influencia que una vocación particular tiene respecto de un prójimo. En este caso, ese prójimo es una niña, hija del padre y nieta del abuelo. Sus dos círculos de influencia se superponen porque ambas vocaciones sirven al mismo propósito: amar a la niña. Pero cada círculo tiene también un espacio que no se superpone porque las vocaciones son diferentes. El padre es padre, no abuelo. El abuelo es abuelo, no padre. Así que ambos pueden comprarle un regalo de cumpleaños a la niña, pero solo el padre la arropará cada noche en la cama.

Lo primero que debe decirse es que el abuelo no está destinado a ser el padre de la niña. No es quien debe disciplinarla (normalmente). No debe tomar decisiones paternales respecto de ella. Ese es el trabajo del padre. Tampoco debería desear hacerlo. El abuelo tiene el enorme placer de disfrutar de su nieta sin tener que preocuparse (demasiado) de disciplinarla o de no malcriarla. Tiene la oportunidad de ser abuelo. Y la niña necesita eso. Necesita tanto un padre como un abuelo. Pero ¿y si el abuelo no está de acuerdo con las decisiones del padre? En algunos casos, podría tener que intervenir, pero debe controlarse. Él no es el padre. No está llamado a ser el padre. Debe proceder con fe. Dios llamó a otro hombre para que sea el padre, no a él.

Esto suena bien, pero vivimos en un mundo de desorden. ¿Qué pasa si el padre es abusivo? ¿Si es alcohólico? ¿Si está ausente? ¿Si está muerto? En este caso, el amor exige que la esfera de influencia del abuelo se expanda. Su círculo se amplía, y tanto la nieta como el abuelo sufren esta perturbación. El anciano debe renunciar a su tiempo de ocio y hacer el trabajo de un hombre más joven. La nieta pierde al abuelo consentidor porque este deberá ahora desempeñar el papel de padre, y si no lo hace, ella perderá una figura paterna y solo será guiada por un abuelo indulgente. Sin embargo, en medio del desorden, el amor de Dios sigue estando presente en una variedad de vocaciones. La gente da un paso al frente en donde otros han fracasado. El diablo frustra, pero Dios sigue ganando. No puedo evitar pensar en lo que Jesús le dijo a Juan a propósito de su madre María: «¡Ahí está tu madre!» (Jn 19:27). Jesús ya no desempeñaría su papel de hijo; Juan ocuparía su lugar.

Llevemos esto a un escenario global. Independientemente de la opinión que se tenga del capitalismo, la mayoría de la gente estaría de acuerdo con estas dos conclusiones: (1) el capitalismo involucra

mucha codicia, y (2) el capitalismo ha sido una fuerza motriz para
sacar a muchas personas (no a todas) de la pobreza. O consideremos
la cuestión de la experimentación farmacéutica en animales. Una vez
más, independientemente de la postura que se adopte al respecto,
la mayoría de la gente está de acuerdo con estas dos conclusiones:
(1) la crueldad con los animales es atroz, y (2) se han salvado
muchas vidas gracias a los medicamentos probados en animales.
Las cosas nunca son puras, ¿verdad? Nunca son totalmente justas,
¿no es cierto? Nuestros motivos siempre son contradictorios. Esto
no significa necesariamente que debamos abandonar el sistema
capitalista porque algunos son codiciosos (muy codiciosos), ni
tampoco debería insistir en privar a mi hijo de una vacuna que
podría protegerlo de una enfermedad simplemente porque los
métodos de la compañía farmacéutica me resultan desagradables (si
no inmorales). Para amar al mundo, Dios sigue utilizando personas
que pecan contra la vocación. ¿A quién más va a utilizar? Todos
somos pecadores. ¡Mira con qué tiene que trabajar!

Y qué maravilloso es encontrar a los valientes de este mundo,
aquellos que hacen el bien por los demás a pesar de tantos obstáculos.
El soldado honorable. El funcionario íntegro en un gobierno
corrupto. La buena maestra que se enfrenta a una burocracia
aparentemente implacable y a padres enfadados. El policía que
intenta reprimir sus propios prejuicios (todos los tenemos) sin
dejar de mantenerse alerta. La abogada que lucha por la verdad y
por su cliente. Gracias a Dios[13].

Una vez más, la vocación ayuda en estas situaciones. La vocación
no es una teoría ética que proporciona un camino para desentrañar
enigmas morales, sino una piedra de toque. La primera pregunta
que puede hacerse es: «¿Quién es mi prójimo?». Como ya hemos
dicho, puede ser un sinfín de personas. También puede significar
que, en un mundo complicado, podríamos hacer sufrir a un
prójimo por el bien de otro. Puede que, para ser padre, tenga que
salir del trabajo más temprano y que esto afecte a mis compañeros
(o viceversa). La segunda pregunta es: «¿Cuál es mi deber de amor

para con este prójimo?». Observa que la pregunta no está enfocada en que el cristiano siga una ley, sino en que ame al prójimo.

A veces, lo único que podemos hacer es seguir nuestra conciencia y decir: «Señor, ten piedad». Solo podemos actuar por fe, sabiendo que Dios hará su obra pese a que todos pecamos contra nuestra vocación, utilizamos a las personas como cosas y trabajamos para nuestra propia autojustificación. Sin embargo, esa fe descansa en un Dios de promesas. Él nos dio su Palabra, y nosotros la aceptamos. Una vez más, Gustaf Wingren lo expresa maravillosamente: «La paradoja recae sobre Dios: él es quien, mediante los oficios de juez y verdugo, utiliza la fuerza para resistir el mal, y manda a todos que, aunque sean jueces y verdugos, no resistan el mal como individuos. Porque lo que hace el oficio no se hace por cuenta del hombre, sino de Dios»[14]. Wingren escribió esto para describir la falsa noción de que los cristianos no pueden estar en vocaciones que juzgan y matan (los ejemplos de juez y verdugo, de Lutero) como si hubiera dos tipos de personas: la que juzga y mata, y por lo tanto no puede ser cristiana, y la que escapa a toda responsabilidad vocacional pero sigue siendo cristiana. Creo que la cita también se aplica cuando invertimos la situación: ¿cómo puede Dios hacer algo a través de nosotros si somos pecadores egoístas? Nada es puro. La respuesta es la vocación porque el que actúa es Dios. La paradoja recae sobre Dios.

Así que, cuando el diablo te ataque e intente sacarte del orden —es decir, de tu vocación—, resiste. Y cuando falles, confía en que Dios te seguirá utilizando y que su obra se llevará a cabo. ¿Cómo lo sabemos? Porque es su obra, por eso. El uso que Dios hace de los pecadores es complicado. A nivel personal, es una guerra espiritual. Es un morir y resucitar cada día. Es llevar una cruz. No obstante, es un deleite, porque estamos libres de la doble carga de salvarnos a nosotros mismos y de amar al mundo. Se nos da solamente el privilegio de participar en esto último. Dios hará su obra a pesar de nosotros. Lo prometió. A nivel global, podemos a la vez luchar contra la injusticia y confiar en que Dios utilizará incluso personas y acciones pecaminosas para el bien: ¿con qué podría trabajar, si no?

Las cruces no se eligen

El viejo hombre se caracteriza por la ira, la envidia, la avaricia, la pereza, el orgullo, la incredulidad y otros pecados evidentes que constituyen un obstáculo para la vocación y el prójimo. Cuando se le impone la exigencia de la vocación y del prójimo, se lo hace dócil. Aquellos pecados son reprimidos dando lugar a un hombre nuevo, amable y paciente, que recibe su vida de la mano de Dios.

—Gustaf Wingren, *Luther on Vocation*

[Lutero sobre la vocación]

En su libro *The Road to Character* [El camino del carácter], el periodista David Brooks detalla cómo el gran misionero médico Albert Schweitzer examinaba a los candidatos para su trabajo.

No contrataba idealistas para ese hospital, ni personas que pensaran en la rectitud de lo que estaban dando al mundo. Ciertamente no contrataba personas que tuvieran el propósito de «hacer algo especial». Solo quería personas que realizaran constantes actos de servicio con una actitud seria; que simplemente hicieran lo que había que hacer[15].

Schweitzer era práctico. Necesitaba que se lavaran los platos y se colocaran las vías intravenosas. No había tiempo para mimar egos preocupados de autojustificarse. Necesitaba personas que, sin pensar en su propia virtud, vieran un fregadero lleno de platos y se limitaran a lavarlos. Schweitzer era no solamente práctico, sino perspicaz: «Solo una persona que concibe su presencia como algo natural, no como algo fuera de lo común, y que no piensa en heroísmo, sino solo en asumir un deber con un entusiasmo sobrio, es capaz de ser el tipo de pionero espiritual que el mundo necesita»[16].

Las cruces no se eligen. Si eligiéramos nuestras cruces, no serían cruces; serían vías de autojustificación. Hay una profunda diferencia entre los dos tipos de voluntarios que menciona Schweitzer. Un grupo está curvado hacia dentro; el otro está curvado hacia fuera.

Lo supiera o no, el tipo de personas que Schweitzer buscaba eran las ovejas de Mateo 25. Aquellas que se sorprenden cuando Jesús dice: «Vengan, benditos de Mi Padre, hereden el reino preparado para ustedes desde la fundación del mundo. Porque tuve hambre, y ustedes me dieron de comer; tuve sed, y me dieron de beber; fui extranjero, y me recibieron; estaba desnudo, y me vistieron; enfermo, y me visitaron; en la cárcel, y vinieron a Mí» (Mt 25:34b-36). Schweitzer andaba en busca de justos, es decir, aquellos que son justos por la fe, y que no buscan una razón para justificarse, sino que se curvan hacia fuera, hacia el prójimo. Pero iba más allá; buscaba candidatos que fueran naturalmente así, es decir, que tuvieran un cierto carácter. Lo suficientemente libres como para no preocuparse de su imagen. Lo suficientemente libres como para ver el trabajo que tenían enfrente. Que no eligieran sus cruces, sino que cogieran las que tuvieran por delante.

Al cristiano se le presenta una cruz en cada vocación. Pese a que, en cierto modo, el cristiano tiene la libertad de elegir una vocación en lugar de otra (p. ej., fontanería en lugar de carpintería), no sucede lo mismo con su cruz. El cristiano es puesto a trabajar con Cristo. Es un colaborador de Cristo y sufrirá como Cristo. Cristo no eligió su cruz, sino que esta le fue puesta por delante (Mt 26:39). Elegir una cruz para uno mismo no es una cruz en absoluto. Es una teología de la gloria, pero inversa, o sea, un intento de sufrir por la gloria. «Mírenme. Serví como misionero médico». Tomando prestada una frase de san Pablo, el cristiano no «considera la igualdad con Dios como algo a utilizar en beneficio propio» (Fil 2:6). Ese pasaje está hablando de que Cristo y el Padre comparten la misma esencia, pero se puede entender la conexión. Cuando un cristiano está unido a Cristo en la vocación, no puede comprender plenamente lo que esto significa. No se repliega para reflexionar sobre este misterio, sino que se limita a realizar el trabajo que se le ha encomendado, sabiendo que, si sufre, sufre con Cristo (Fil 3:10).

Esta es la verdadera imitación de Cristo. No es una imitación curvada hacia dentro. El cristiano no debe consumirse en el empeño de ser como Cristo en beneficio de su propia virtud. Esto solo lo llevará a la desesperación (si es honesto) o al orgullo iluso. Wingren resume el ataque de Lutero a la imitación:

Él considera que es el resultado de una sinceridad ética deficiente. El motivo de la imitación no es servir a los demás y perderse en ello, sino ser tan santo como otra persona que se conoce. En la imitación, el objetivo se centra constantemente en uno mismo. El objeto buscado es la realización de la personalidad propia, y la condición de uno no es el fundamento de la acción, sino su objetivo.

Sin embargo, para quien se entrega a su vocación, la fuente es el evangelio; la acción brota del hecho de haber sido salvado. El evangelio dice expresamente que la persona será salva en un reino eterno después de la muerte, aunque en su vocación se desgaste y no pueda «salvarse» por estar completamente dedicada a sus responsabilidades y tareas. La ética de la vocación tiene por centro el prójimo, y no la santificación propia. Por este hecho, toda imitación queda excluida[17].

La verdadera imitación no se trata en absoluto de imitación. Es cierto que debemos ser semejantes a Cristo, pero no debemos serlo para nosotros mismos. Ese es un territorio peligroso, porque una vez que empezamos a mirar hacia adentro para ver cómo lo estamos haciendo, nos alejamos de una vida semejante a la de Cristo.

Ni tampoco podemos ser como Cristo. Esto es cierto por una razón obvia: no somos Dios. Sin embargo, también es cierto porque nunca estamos en la misma situación que Cristo o cualquier santo que nos haya precedido. Estamos en situaciones similares, pero cada situación es siempre diferente porque el prójimo es diferente. Si la ética vocacional está orientada al prójimo, entonces estamos siempre en una situación única. ¿A quién habríamos de imitar? Y, sin embargo, estamos siempre con Cristo, nuestro colaborador. De este modo, nuestra situación es mejor que si lo imitáramos: estamos trabajando con él. Wingren lo expresa de esta manera: «En cierto modo, la ley representa una imitación invariable, que no presta atención al "momento", mientras que el mandamiento llama al hombre a su vocación, que se guía por la necesidad del "momento".

En la imitación, el individuo es un número más, pero en la vocación […] es un instrumento vivo en la mano de un Creador»[18]. Una vida orientada a la ley ve la imitación como el objetivo final, pero una vida orientada al evangelio ve a cada prójimo como una persona única amada por Dios, y por ende, cada acción vocacional como un acto único e íntimo del amor de Dios. Es la diferencia entre la virtud por la virtud y la virtud por el prójimo. La vida cristiana es mucho mejor que una imitación de Cristo; es hacer la obra de Cristo. Somos la mano de Dios, no una imitación barata.

Sin embargo, tenemos un problema. Por naturaleza, estamos curvados hacia dentro. Siempre nos preguntamos cómo lo estamos haciendo y cómo nos comparamos con la competencia (observa que consideramos al prójimo como nuestro rival y no como el telos de nuestro amor). Así que Dios viene con su ley y su sufrimiento. Nos recuerda, de manera demasiado dolorosa, que lo que hay en nosotros está podrido. Nos mata. Nos mata para darnos vida en él. Como Albert Schweitzer, no tiene tiempo para la necedad de quien se mira el ombligo. Hay trabajo por hacer. Así que cada día nos mata y nos resucita. Es una batalla espiritual, y el escenario de esta batalla es la vocación. Por eso, Dios se oculta tras la cuarta máscara mencionada en el capítulo anterior: el sufrimiento. Esto no es pesimismo; es optimismo de verdad. Habiendo sido ya crucificado y resucitado con Cristo, no tengo nada que temer. No necesito fingir que todo está bien o que la cruz puesta ante mí será fácil de llevar. Simplemente voy con Cristo. ¿Qué podría ser peor que la crucifixión que ya he soportado con él (Ro 6:3)? No necesito huir de la oscuridad. Por el contrario, se me da permiso para entrar en ella con Cristo[19].

Al igual que el tema de «vivir para la gloria de Dios», el tema del crecimiento espiritual es casi omnipresente en la iglesia cristiana, pero sin matices. ¿De qué manera el crecimiento y la madurez espiritual, hermosos temas bíblicos los dos, encajan con una comprensión adecuada de la imitación de Cristo? Es útil señalar que el crecimiento siempre es algo que se ve al mirar retrospectivamente.

Pensemos en un padre que registra la estatura de su hijo en el marco de la puerta. A un niño de seis años le interesa mucho la altura que ha alcanzado. Está impaciente por crecer. Puede cerrar sus ojos y decirse a sí mismo: «¡Crece!», pero no funcionará. Solo puede mirar hacia atrás y darse cuenta de que ha crecido. Lo mismo ocurre con el crecimiento espiritual. Al mirar nuestro crecimiento hacia atrás, nos damos cuenta de que Dios nos puso en las situaciones adecuadas, y a menudo, moderó nuestro entusiasmo. Solo con los años nos damos cuenta de que hemos crecido. Y esto es lo que ocurre con el marco de la puerta: los niños llegan a una edad en la que dejan de preocuparse por su estatura. Tienen otras cosas en las cuales pensar. Crecen lo suficiente como para dejar de preocuparse por su altura. Del mismo modo, nosotros crecemos lo suficiente espiritualmente como para dejar de preocuparnos por nuestro estado. Estamos seguros en Cristo. Vemos platos que requieren limpieza y simplemente los lavamos sin preocuparnos por el crecimiento espiritual. Hasta que el pecador asoma su fea cabeza. Y entonces Dios nos vuelve a matar, y luego también nos resucita. Y damos vueltas y vueltas hasta llegar al cielo. ¿Creceremos, con todo esto? Claro, pero no en línea recta. Y ¿a quién le importa, al fin y al cabo? Hay platos que lavar. También hay hijos que amar, hojas que rastrillar, informes de gastos que autorizar, incendios que apagar y un mundo que disfrutar. Esto es cierto sin importar dónde esté la línea en el marco de la puerta espiritual. Nos perdemos. Nos perdemos en este hermoso mundo, y nos perdemos en la vocación.

Capítulo 4

La vocación como escenario del florecimiento humano

La búsqueda del florecimiento

Hoy en día, la palabra «felicidad» se utiliza normalmente para referirse a un sentimiento o a un estado subjetivo de placer, satisfacción o disfrute; a un asunto en gran medida subjetivo, superficial y que depende de la suerte. [...] Para [los pensadores antiguos y medievales], la *eudaimonia* rara vez, o nunca, se concebía como un tipo de estado o sentimiento subjetivo. Se la identificaba con el *summum bonum*, el bien supremo o más elevado, la vida objetivamente buena para los seres humanos. Según Aristóteles, cuyos puntos de vista eudaimonistas son probablemente los más influyentes de todos, «eudaimonia» es sinónimo de «estar bien» o «vivir bien», es decir, vivir el mejor o más excelente tipo de vida [...]. El propio Aristóteles concluye que la verdadera *eudaimonia* consiste en vivir una vida virtuosa; difícilmente nuestra noción superficial y egoísta de «felicidad».

—David Horner, «The Pursuit of Happiness»
[La búsqueda de la felicidad]

Tal como «la gloria de Dios», la felicidad es otro concepto del que oímos hablar mucho, pero que nos cuesta definir. ¿Qué significa la felicidad? Al igual que el «crecimiento espiritual» —otro concepto presente en nuestros labios y en nuestras mentes—, la felicidad es una de aquellas cosas que miramos hacia atrás. No solemos decir «soy feliz», sino «era feliz». Tengo la edad suficiente como para recordar la infancia temprana de mis hijas como «los buenos tiempos». La vida era más sencilla entonces. Cómo quisiera volver atrás. Pero no eran tiempos sencillos. Aún no tengo la edad suficiente como para olvidar lo que pensaba en esa época: «Todo será más fácil. Cuando las niñas dejen de usar pañales. Cuando tengamos un poco más de ingresos». En aquel entonces, ansiaba la felicidad. Rara vez nos detenemos a pensar «Ahora mismo, en este momento, soy feliz. Lo he logrado. Todo es estupendo»[1]. Miramos hacia atrás con nostalgia, o hacia adelante con esperanza.

Quizás parte del problema es nuestra definición de la felicidad. Tendemos a explicarla en términos de una euforia personal, es decir, de cómo nos sentimos. En Estados Unidos, hablamos de ella —o al menos de su búsqueda— como un derecho. «La vida, la libertad y la búsqueda de la felicidad» está escrito tanto en los documentos fundacionales de nuestro país como en nuestras mentes. Pero ¿qué es la felicidad?

El juez Anthony Kennedy corrige este enfoque —curvado hacia dentro— de la felicidad. «En esta época, la felicidad lleva consigo una connotación de placer propio; la definición tiene ahora un componente hedonista. Sin embargo, eso no es lo que quería decir Jefferson, y no es lo que quisieron decir los redactores de la Constitución. Si se lee a Washington, él utiliza el término felicidad todo el tiempo, tal como los otros miembros de su generación en la época de la fundación. Para ellos, la felicidad era ese sentimiento de autoestima y dignidad que se adquiere cuando se contribuye a la comunidad y a su vida cívica»[2].

Los padres fundadores estaban familiarizados con el concepto griego de eudaimonia, una palabra que más a menudo se traduce como «felicidad». Era el *summum bonum*, es decir, el bien supremo. Era el telos, o la meta, de la vida. Toda la actividad humana se orienta a ese fin[3]. Para los padres fundadores de Estados Unidos, se trataba de participar en la sociedad, trabajar un terreno, construir escuelas e iglesias, abrir un negocio y participar en el gobierno local. Ciertamente no era el derecho a ir tras un sentimiento, el cual parece estar siempre en el pasado o en el futuro, pero nunca en el presente.

Por último, la eudaimonia, al menos para Aristóteles, consistía en tener un carácter divino, y ser, por lo tanto, amado por los dioses. Esto significaba llevar una vida de virtud reflexiva. Un hombre feliz piensa en las virtudes y las cultiva en su propia vida. No se eleva ni desciende demasiado. No sucumbe a las tentaciones de los extremos. Es reflexivo y amable. Persigue la excelencia y el éxito. Es feliz. Quizás una mejor forma de traducir eudaimonia, en lugar de «felicidad», sea «florecimiento». La eudaimonia es una vida plena y equilibrada. Es florecer como ser humano.

Me pregunto si eudaimonia es el intento griego de nombrar lo que los hebreos llamaban «shalom». Estas dos palabras, o en realidad conceptos, no son idénticas pero guardan algunas similitudes. Tal como con eudaimonia/felicidad, la traducción de *shalom* al español es una sola palabra que no capta totalmente el concepto. Suele traducirse como «paz». Sin embargo, es más que el cese de un conflicto armado. Los hebreos tampoco utilizaban *shalom* para referirse a una paz interior personal. Piensa en los tiempos de paz en contraposición a los tiempos de guerra. En tiempos de guerra, la economía está arruinada. Tenemos miedo de enviar a nuestros hijos a la escuela (cuando la hay) por temor a los disparos de francotiradores. Debemos esperar tres horas para comprar una barra de pan que cuesta cien veces lo que costaba antes de la guerra. Las cosas no son como se supone que deberían ser. Es el resultado directo del pecado. En cambio, en tiempos de paz se abren las escuelas, la economía funciona, el estado de derecho está en vigor, se construyen museos, se financian hospitales y se aprecian las artes. En resumen, las cosas son como se supone que deberían ser. Es lo contrario del pecado. Es el florecimiento humano.

Shalom puede traducirse como «paz», pero también como «seguridad» o «prosperidad». En su base, significa «plenitud». Cornelius Plantinga propone esta definición: «En la Biblia, shalom significa florecimiento universal, plenitud y deleite: un rico estado de cosas en el que las necesidades naturales son satisfechas y los dones naturales son empleados de manera fructífera, un estado de cosas que inspira un asombro alegre a medida que su Creador y Salvador abre las puertas y acoge a las criaturas en las que se deleita. Shalom, en otras palabras, es la forma en que las cosas deberían ser»[4].

El shalom, es decir, el florecimiento y la plenitud del ser humano, no puede alcanzarse completamente aquí en la tierra. Sin embargo, esto no significa que no debamos esforzarnos e incluso luchar por el shalom. Deberíamos hacerlo.

Jeremías escribió a los exiliados en Babilonia animándolos a buscar el shalom de la ciudad en la que estaban exiliados (Jer 29:7). Primero describe el shalom de ellos y luego lo relaciona con el shalom de Babilonia. Anima a los exiliados a hacer lo siguiente: «Edifiquen casas y habítenlas, planten huertos y coman de su fruto. Tomen mujeres y tengan hijos e hijas, tomen mujeres para sus hijos y den sus hijas a maridos para que den a luz hijos e hijas, y multiplíquense allí y no disminuyan. Y busquen el bienestar de la ciudad adonde los he desterrado, y rueguen al SEÑOR por ella; porque en su bienestar tendrán bienestar» (Jer 29:5–7). Dios los animó a florecer como pueblo, un eco de su llamado inicial en Génesis a llenar la tierra y someterla. Este era el shalom de ellos. El profeta Jeremías conectó el shalom de los exiliados con el shalom de sus opresores. Aquí (en el versículo 7), *Shalom* se traduce como «bienestar». En resumen, Dios quiere que a su pueblo le vaya bien. Shalom es lo que Dios quiere, y es lo que Dios quiere que su pueblo busque (Sal 34:14). También es la promesa de paz eterna que Dios da a sus creyentes, introducida por el «Príncipe de Paz» (Is 9:6).

El florecimiento humano incluye cuatro conceptos: prosperidad, seguridad, libertad y propósito. Es difícil florecer como ser humano si no sabes de dónde vendrá tu próxima comida (prosperidad), o si te preocupa que te maten (seguridad), o si estás encarcelado (libertad). También es extremadamente difícil siquiera salir de la cama por la mañana para vivir una vida floreciente sin tener una razón (propósito). La naturaleza trágica de un mundo pecaminoso se manifiesta en la falta de florecimiento.

El escenario del florecimiento humano es la vocación. Así es como tenemos prosperidad económica. Así es como tenemos seguridad. Así es como se protege la libertad. Y, quizás lo más importante, es donde encontramos un propósito. Así que la búsqueda de la felicidad es la búsqueda de la vocación. Sin el perdón de los pecados (que conduce al shalom/felicidad/florecimiento eterno), no hay un bien superior (*summum bonum*). Esto es evidente para todos. Aristóteles calificó a las personas que equiparan el bien/felicidad con el placer como «las más vulgares»[5]. La vida buena y virtuosa busca tanto el florecimiento de los demás como el de uno mismo. Somos el tipo de criatura, hecha a imagen de Dios, que desea lo épico, la virtud, y finalmente, el florecimiento para nosotros mismos y para los demás.

Lo que nuestros antepasados intelectuales griegos y norteamericanos pasaron por alto fue el pecado y la gracia. Su trabajo no era detectarlos, necesariamente. Trabajaban en el ámbito secular, de modo que su trabajo no consistía en perdonar pecados, sino en construir una sociedad virtuosa. Esta sociedad virtuosa sigue siendo permanentemente esquiva a este lado del cielo. El verdadero florecimiento requiere estar libre de las cargas del pecado y la muerte. Requiere seguridad en Cristo y confianza en las manos benéficas de Dios aun cuando todo luce sombrío. El verdadero florecimiento requiere tener un propósito mayor que sobrevivir o alcanzar rangos humanos. El escenario del verdadero florecimiento humano es la vocación, que se basa en la verdadera libertad solo en Cristo.

Propósito y autoestima

Dios elige necesitarte para que no seas un desperdicio de espacio.

—Daniel Deutschlander, «The Gospel according to St. Mark»
[El Evangelio según san Marcos]

En su libro *Make Your Job a Calling* [Haz de tu trabajo un llamado], Bryan Dik y Ryan Duffy exploran el concepto del llamado dentro del lugar de trabajo contemporáneo. Dividen el concepto en llamados neoclásicos y llamados modernos: «Los llamados neoclásicos se originan en una fuente externa y enfatizan un deber social. [...] En cambio, los llamados modernos surgen del interior y enfatizan la felicidad individual»[6]. Para Dik y Duffy, los llamados neoclásicos son típicamente religiosos, mientras que los modernos son más seculares y giran «en torno a la noción de autorrealización»[7], una mentalidad curvada hacia dentro. Pese a que intentan distinguir claramente entre los dos tipos de llamados, admiten que la investigación sobre el entorno laboral actual «dibuja un panorama notablemente homogéneo» en el que «hay un sentido del llamado sorprendentemente extendido»[8]. Las personas tienden a considerar sus trabajos como llamados, lo que se traduce en un beneficio general para el trabajador y en un aumento de su productividad[9]. Hay algo en nosotros que desea y quizás incluso se siente llamado a un propósito superior.

Dik y Duffy recuerdan una sencilla pero notable historia real de trabajo que encaja en el *modus operandi* de Dios: la utilización de lo ordinario para lograr lo extraordinario. Ocurre en una carretera de montaña, de dos carriles, atestada de tráfico al final de la tarde. El atasco es peor pues se están realizando obras. Conforme a lo requerido, hay un banderero que permite el avance de un solo carril a la vez. Un coche se acerca al banderero con la esperanza de poder pasar, pero, por supuesto, es detenido. Ahora tendrá que esperar («¿No podías dejar pasar un coche más?», podría preguntar). El conductor decide entablar una conversación con el banderero que acaba de hacerlo perder veinte minutos. Le pregunta al trabajador presumiblemente aburrido: «Disculpe, pero me cuesta imaginar un trabajo más aburrido que el suyo. ¿Cómo logra soportarlo?». Y no solo aburrido, sino también sucio, caluroso (o frío) y desmoralizante. Piénsalo. El banderero está solo, junto con el conductor que tiene enfrente y que probablemente está enfadado con él por no haber dejado pasar otro coche. Sin embargo, su respuesta es hermosa: «¡Me encanta este trabajo! De verdad. ¿Sabe por qué? Porque es importante. Protejo a la gente. Cuido de estos muchachos que tengo atrás, y los mantengo seguros. También lo mantengo seguro a usted, y a todos los demás, en todos los coches que lo siguen. Marco una diferencia real y tangible cada día». Y después de una larga pausa, como no sabiendo si decirlo o no, añade: «Estoy agradecido de que me hayan traído hasta aquí»[10].

Vaya. Lo único que este hombre hace es voltear una señal octogonal que dice «Alto» o «Siga», pero está pensando en su prójimo. Casi lo oímos decir, con un sobrio entusiasmo: «Son mis muchachos los que están ahí atrás. *Mis* muchachos. Y me necesitan». Él marca una diferencia, y lo sabe, aunque nadie más vea su trabajo de esa manera. Tiene un llamado.

«Me necesitan». Son palabras poderosas. En la cita al principio del capítulo, Daniel Deutschlander va más allá: «Dios te necesita». Si Dios quiere mantener a esos conductores y a ese equipo de construcción a salvo (y así es), y para ello utiliza al banderero, entonces Dios necesita al banderero. O, mejor dicho, él *elige* necesitar al banderero. Es un oxímoron: ¿cómo puede alguien elegir necesitar algo? Dios, por supuesto, podría enviar a sus ángeles para proteger a quien sea en cualquier situación, y también lo hace. Pero elige necesitarnos a nosotros, en nuestras vocaciones, para hacer su trabajo; utiliza lo ordinario para lograr lo extraordinario. Es su *modus operandi*.

Ahora considera cómo eso afecta nuestra idea del trabajo. Le dio una nueva perspectiva a ese banderero. Su trabajo tiene importancia, una importancia de vida o muerte. Observa, además, que lo «llevaron» a ese puesto. Su trabajo es más que un salario. Su ocupación va más allá de su decisión. Su trabajo es divino, lo haya expresado así o no. Tiene un propósito. Y tú también.

Les digo a mis alumnos: «Ustedes creen que están ocupados, pero no tienen ni idea. Nada más esperen. Pero no se preocupen; estarán a la altura de las circunstancias cuando lleguen al mundo real, tengan tal vez una familia, y asuman todos los retos de esta vida acelerada. Dios se encargará de ello. Solo recuerden que lo único peor que estar demasiado ocupado es no tener primero una razón para levantarse cada mañana». Necesitamos un propósito.

Cada generación se queja de la siguiente. Por lo general, las acusaciones empiezan con adjetivos como *flojos* y *malcriados* y terminan con expresiones grandes como «se creen con derecho». Una vez oí a un hombre de poco más de veinte años hablar de la generación floja que venía luego de la suya. Me dieron ganas de responderle: «¡Deberías oír lo que dicen de ustedes los que tienen más de cincuenta!». La verdad es que todo esto es un intento de autojustificación. La gente dice: «Para nosotros fue mucho más difícil que para estos chicos. Nosotros realmente sabemos lo que es un día de trabajo duro». Puede ser, pero te puedo garantizar que la generación anterior dijo lo mismo de ustedes. Los que crecieron sin la tecnología moderna ponen la mirada en blanco cuando ven a sus hijos y nietos que crecieron teniéndola. Los que araban los campos con caballos se burlaron de los que usaban tractores. Y así sucesivamente, a lo largo de las generaciones. A menos que estés empujando rocas para el faraón de Egipto, ¡quizás solo deberías valorar tus bendiciones!

Acusar de flojera es fácil e irreflexivo. Puede ser una acusación cierta, pero lo más probable es que a tu hijo, ese que se pasa el día jugando videojuegos, le ocurra algo más. Es una cuestión de motivación, o mejor dicho, de propósito. ¿Tiene tu hijo un *telos*, una meta, un fin? A menudo equiparamos la flojera con la pereza, pero no son lo mismo. Quizás la pereza es un mejor calificativo para esto. La pereza es uno de los siete pecados capitales, según la iglesia católica romana: «La acedía o pereza espiritual llega a rechazar el gozo que viene de Dios y a sentir horror por el bien divino»[11]. Por ahora podemos obviar la discusión teológica de esta definición y simplemente señalar que necesitamos una razón para salir de la cama por la mañana. Necesitamos un propósito.

Con respecto a nuestra atracción por lo épico: como seres creados a imagen de Dios, nuestro propósito tiene que ser importante. Pero no todos podemos ser el presidente de la nación o el director general de una empresa mundialmente exitosa. La pregunta «¿Tiene alguna importancia lo que hago?» no está lejos de la pregunta «¿Tengo yo alguna importancia?». Una forma de resolver este problema existencial es fingir que nuestros trabajos no tienen relación alguna con nuestro valor. Pero esto significaría que desperdiciamos la inmensa mayoría de nuestro tiempo y energía en algo que no importa, a excepción de proporcionar un sueldo. Esa no es una respuesta satisfactoria. La respuesta vocacional es repetir lo que Dios ya ha dicho, que cada persona y trabajo importan. No, no todo el mundo puede ser senador. Alguien tiene que compaginar y engrapar. Y si nadie compaginara y engrapara, o proporcionara seguridad, cocinara o limpiara, el Senado de nuestro país no podría funcionar en absoluto. Tu trabajo importa.

Este no es un cliché vacío para hacerte sentir mejor. Es una verdad. Tal vez no sientas que tu trabajo (o tu vida) importa, pero juzgar eso no te corresponde a ti, sino a Dios. Él estima que es importante, y punto. Considera tan solo algunas de las cosas que Dios logra. Previene la enfermedad. ¿De qué manera? ¿A través de los médicos e investigadores? Sí. Pero también a través de los conserjes y recolectores de basura. Da una gran alegría a su pueblo por medio de las artes, la recreación, los deportes y el espectáculo. ¿De qué manera? ¿A través de los escritores, artistas, cantantes y deportistas? Sí. Pero también a través de los acomodadores y controladores de boletos de los estadios y teatros —por no hablar de quienes se ocupan de la iluminación, la grabación y el sonido—. O qué tal esto: Dios crea a las personas, de cuerpo y alma. ¿De qué manera? A través de las madres. Detente a pensar en ello. Las madres son colaboradoras de Dios en la creación de seres humanos[12]. Gene Edward Veith describió de la siguiente manera la forma en que la humanidad es elevada en la vocación:

La doctrina de Lutero sobre la «vocación» puede ser una de sus contribuciones más originales a la comprensión de la vida espiritual. Aunque critica los ascensos místicos a lo divino, insistiendo, en cambio, en que Dios desciende hasta el pecador a través de los medios de gracia, Lutero sienta luego las bases de lo que él llamó un misticismo de la vida ordinaria. Aunque niega que la salvación sea fruto de nuestras buenas obras, insistiendo en que el perdón es un don gratuito, la doctrina de Lutero sobre la vocación da a las buenas obras una importancia espiritual muy diferente. Aunque a veces minimiza a los seres humanos como radicalmente pecadores y limitados, en su doctrina de la vocación los exalta a un grado sorprendente[13].

Efectivamente, «a un grado sorprendente».

Este propósito cambia todo. Cambia la forma en que vemos el trabajo de nuestra vida, nuestro día a día y nuestra autoestima. Realmente cambia las reglas del juego considerar una ocupación como un llamado y no como un trabajo o una carrera. Debe reconocerse que, para mí, esto es fácil porque soy pastor. Uno no entra en el ministerio (o al menos no debería entrar) pensando que es una carrera. Incluso me irrita que se usen términos como «mi ministerio» o «tu ministerio». Nunca lo he considerado así. Es el ministerio de Cristo. No busco un ascenso. Nunca he tenido que preocuparme por hacer carrera. ¿Hacia dónde podría avanzar? Desde el primer día, ya estaba en la cima de mi profesión. Ya bautizaba bebés, predicaba, enseñaba, consolaba a los enfermos y a los moribundos y llevaba el evangelio a los enlutados. No había forma de ascender.

Entiendo perfectamente que para un pastor sea más fácil ver su trabajo como un llamado divino de lo que es para alguien que trabaja en una fábrica. Sin embargo, no tendría por qué ser tan diferente. Desde luego, no estoy menospreciando a quienes piensan en el progreso de sus carreras. Es honorable trabajar por un ascenso y ser honrado con un ascenso o incluso con un nuevo trabajo en otra empresa[14]. Y, ciertamente, se debe pensar también en las otras vocaciones, como la de ser padre: un nuevo empleo puede significar que la familia vivirá mejor. No obstante, si el trabajo (telos) de tu vida es ganar más dinero y tener más prestigio, lo estás desaprovechando. El trabajo se convierte en un medio para ese fin. En primer lugar, el fin ya no es tu prójimo. Aun el más rico y exitoso de todos los seres humanos puede preguntarse al final de su vida: «¿Qué logré? ¿Importó siquiera?». En segundo lugar, puede que te estés privando de perderte en tu oficio. Cuando solo trabajas para el fin de semana (y la jubilación), tu semana laboral (y tu vida laboral) se convierte en una carga desprovista de gozo y de verdadero propósito. Y como lo más probable es que tu vida laboral represente la mayor parte del tiempo que pasas despierto aquí en la tierra, la mayor parte de tu tiempo carecerá de gozo e incluso propósito.

A menudo se ha dicho que, si amas lo que haces, no trabajarás un solo día de tu vida. Pero a mí me encanta ser padre, y eso no significa que no sea un trabajo. Esa frase común tiene un problema: implica que el trabajo es malo. Quizás hay una mejor manera de pensar en ello: un buen día es cuando miras el reloj a las diez y piensas: «¡Ya son las diez! Aún tengo mucho que hacer» en lugar de «¡Son solo las diez! Habría jurado que ya era hora de comer». Es la diferencia entre sentirse motivado a realizar una tarea (aunque el trabajo sea una carga) y temer cada momento (aunque el trabajo sea fácil). El trabajo puede ser bueno; tan bueno que nos impulsa a trabajar sin importar el salario, el prestigio ni la recompensa. ¡Puede que incluso dejemos de mirar el reloj! La vocación centra nuestras ocupaciones en el trabajo mismo (y en nuestro prójimo) y no en la pesadez de trabajar para el fin de semana.

Nuestra autoestima, nos guste o no, tiene mucho que ver con nuestro trabajo. Un desaire en nuestro trabajo (o un ascenso) puede afectar la percepción que tenemos de nosotros mismos. Como dijimos antes, los meros elogios de los hombres nunca satisfarán a los seres humanos creados a imagen de Dios. Pero al mismo tiempo, somos el tipo de seres que buscan ser justificados, como también dijimos. Nos mentimos a nosotros mismos cuando decimos: «No me importa lo que la gente diga de mí». Por supuesto que nos importa. Nadie se levanta por la mañana diciendo: «Espero que hoy la gente me infravalore». Me temo que la gran mayoría de nosotros siempre nos comparamos con los demás. ¿En qué nivel estoy? Si somos sinceros, no siempre en el mejor. Lo remediamos haciendo nuestros propios juicios (los demás disminuyen para que yo crezca [Jn 3:30]). O peor aun, si somos verdaderamente honestos sobre nuestra fragilidad y depravación, podemos caer fácilmente en la desesperación. Es una situación imposible: buscamos elogios que nunca nos satisfarán.

Hay un verdadero remedio para nuestro enigma. Es una solución que pasa por Cristo. Somos valorados por Dios mismo. ¿Qué cosa hecha por el hombre, en beneficio mío, podría compararse con las acciones de Cristo en mi favor? Aquí se encuentra mi verdadera autoestima. Se halla fuera de mí. Y mi propósito a través de mi vocación también me eleva a un grado sorprendente. Solo así podemos «no preocuparnos por lo que piensen los demás»: sabiendo lo que piensa Dios. Teniendo mi pecaminosidad cubierta por la justicia de Cristo, mi destino asegurado y un propósito profundo en mi vocación, estoy libre de hacer juicios superficiales y preocuparme por mi valor. Aquí es donde encuentro la verdadera autoestima. Solo el viejo hombre (la naturaleza pecaminosa) se pregunta si él mismo es justo[15] en un intento de autojustificación; el nuevo hombre (el santo) está seguro y es libre.

Honor y oficio

La fe, sin embargo, es una obra divina en nosotros que nos cambia y nos hace renacer de Dios, Juan 1[:12-13]. Mata al antiguo Adán y nos hace hombres totalmente diferentes, de corazón, espíritu, mente y capacidades; y trae consigo al Espíritu Santo. Esta fe es algo vivo, activo y poderoso. Es imposible que no haga incesantemente buenas obras. No pregunta si estas deben hacerse, sino que, antes de que la pregunta se plantee, ya las ha hecho, y está haciéndolas constantemente.

—Martín Lutero

Es difícil expresar con palabras el honor que supone formar parte de la economía de amor de Dios en la vocación. Lo más parecido que se me viene a la mente es esto: imagina que te encuentras con un soldado de la infantería de marina, vestido con traje de gala. No se te ocurre nada más profundo que decirle «Gracias por su servicio». Si está teniendo un buen día, tal vez te responda: «No se trata de mí. Ha sido un privilegio formar parte de algo más grande que yo». Ese «algo más grande» es la causa de la libertad alrededor del mundo. Lo que quiere decir es que desempeña un papel pequeño en algo más profundo que su ser individual. Y, sin embargo, su identidad no se pierde en ese «algo más grande»; no es como si fuera solamente un número. Más bien, se eleva más allá de sí mismo a algo más grande. Es un honor.

Este honor es válido para cada vocación. Dios quiere que mi esposa sea amada, alentada, cuidada y respetada. Y me ha elegido a mí para esa tarea. Hay una causa mayor. Aquella «causa» es el amor divino a mi mujer. Yo solo tengo el privilegio de ser parte de la ecuación, pues Dios me utiliza como su máscara para amar, alentar, cuidar y respetar a mi esposa. Es un privilegio. Es un honor. También lo es tu trabajo, no importa cuál sea. No merezco ser el marido de mi mujer. Esta es la obra de Dios. ¿Quién soy yo? El honorable infante de marina estaría de acuerdo: «No merezco este honor». La madre no merece formar parte de la creación de almas que Dios lleva a cabo. El músico no merece participar en la acción divina que trae alegría al mundo. El conductor de autobús no merece ser conductor de autobús. Todas estas vocaciones son más altas que nosotros. Somos levantados hasta ellas. Son divinas. Es un privilegio ser colaborador de Dios. Es el más alto honor. No existe el rebajarse a un trabajo que estaría por debajo de nosotros. Todas las vocaciones están por encima. Somos elevados a un grado sorprendente.

En la Biblia y otros lugares se nos advierte sobre el orgullo. Precede a la caída (Pr 16:18). Pero el orgullo en sí no es malo. En un sentido negativo, es realmente el resultado de la autojustificación. Cuando nos enorgullecemos de nuestras acciones pensando en nuestra propia virtud, entonces es pecaminoso. Está curvado hacia dentro. El telos (objetivo) es el yo y no el prójimo. Pero cuando el objetivo es el prójimo, el orgullo es bueno. Es bueno, correcto y hermoso sentir orgullo de nuestro trabajo. De todo nuestro trabajo.

Enorgullecerse del trabajo significa pensar en el oficio de nuestro trabajo. Esto es mucho más fácil en las ocupaciones que requieren trabajar con las manos. Es fácil para un trabajador de la construcción señalar algo y decir: «yo construí eso». Es difícil para un mando medio señalar algo y decir: «Yo hice eso». Matthew Crawford, hablando desde un punto de vista secular, relata su propia historia, cuando pasó de un trabajo no manual a uno manual. Crawford es un graduado universitario que trabajó para un comité asesor de Washington D. C. hasta que un día renunció para convertirse en mecánico de motocicletas[16]. Esta odisea lo llevó a creer lo contrario de la opinión común de que un trabajo no manual es superior a un trabajo manual. Crawford afirma que la idea de que el trabajo de oficina es un trabajo cerebral mientras que el trabajo manual es exclusivamente físico es falsa. Habiendo trabajado en una variedad de entornos no manuales y manuales, ha encontrado que «el trabajo manual es más atractivo *intelectualmente*»[17]. A menudo, el mecánico moderno está tan involucrado en la resolución de problemas como un médico especializado. Crawford se pronuncia en contra de la dañina separación entre pensamiento y acción (tanto en los empleos de oficina como en los manuales) que conduce a un trabajo deficiente y a trabajadores insatisfechos[18].

Crawford apunta también a otro concepto erróneo: la idea de que un título en artes liberales significa un futuro abierto, mientras que el aprendizaje de una habilidad o de un oficio circunscribe el futuro del trabajador. Una vez más, la realidad de la economía contemporánea cuenta una historia diferente. Crawford escribe: «Mientras una avalancha de graduados universitarios anda en busca de trabajos acordes con sus títulos, muchos de sus compañeros de secundaria llevan años ganando muy buen dinero trabajando con sus manos»[19].

Por último, Crawford señala que los directivos de oficinas tienen dificultades para determinar el éxito en comparación con los capataces del área manual. Estos últimos pueden volver a casa por la noche con una idea clara de si han tenido éxito o han fracasado. El motor funciona o no funciona. El edificio se construyó bien o no. Por no mencionar que se tienen pruebas reales y tangibles del trabajo realizado ese día. Por su parte,

Las empresas norteamericanas ya no se enfocan en la producción de bienes (que ahora se hace en otro lugar) sino en la proyección de marcas, es decir, de estados de ánimo en el consumidor, y este cambio encuentra su correlato en la producción de mentalidades en los trabajadores. El proceso pasa a ser más importante que el producto y debe optimizarse mediante técnicas de gestión que operan a un nivel más profundo que las órdenes de un capataz. Además, aunque las exigencias impuestas a los trabajadores son invariablemente justificadas en términos de su contribución al resultado final, en realidad, esos cálculos son difíciles de hacer; la cadena de razonamiento medios-fines se vuelve opaca, y esto abre el camino para que el trabajo se convierta en un lugar bastante moralista[20].

El moralismo de la oficina, como lo llama Crawford, tiene más que ver con inteligencia emocional que con competencias reales. El directivo es más un asesor de vida que un jefe[21].

Crawford cree que estos defectos conducen a una falta de responsabilidad personal, a la manipulación de una autoestima artificial e incluso a una amargura respecto del trabajo. Contrasta la idea del trabajo en equipo con una cuadrilla. Cuando los trabajadores solo son un equipo, nadie es autónomo. En una cuadrilla, aunque se necesiten mutuamente, cada cual sí es autónomo. Un albañil es un albañil por sí mismo, y su trabajo es juzgado por estándares objetivos. Crawford relaciona esto con la libertad de expresión:

La diferencia es que, en una cuadrilla así, tienes una base para conocer tu propio valor independientemente de los demás, y es la misma base sobre la cual los demás harán sus juicios. O puedes doblar conductos o no, y esto es evidente. Por lo tanto, hay menos razones para controlar las apariencias. En el lugar de trabajo existe una verdadera libertad de expresión, que repercute en el exterior y alimenta una mayor apertura de mente[22].

Esta mayor apertura mental fomenta también la creatividad y la responsabilidad personal. Por el contrario, la autoestima artificial, que no se basa en estándares objetivos, es fácilmente manipulable[23]. El liderazgo puede convertirse frecuentemente en un ejercicio maquiavélico. Se crea fácilmente una atmósfera asfixiante en la que se hacen necesarias innumerables normas, códigos y políticas para controlar al personal[24]. Crawford ve resultados negativos no solo en la oficina, sino también en el tiempo libre del trabajador. Para recargarse, el directivo necesita trabajar en sus vacaciones (p. ej., escalando una montaña), mientras que el artesano se siente realizado en su trabajo y puede relajarse de verdad. El artesano no trabaja para poder vivir el fin de semana; vive tanto durante la semana laboral como durante el fin de semana. Mientras que el artesano ya sabe quien es, el directivo intenta desesperadamente hallar la realidad, su verdadero yo, durante el escaso tiempo que pasa fuera del trabajo[25].

Crawford, sin utilizar el mismo lenguaje, busca el florecimiento humano en el lugar de trabajo. El trabajo y el alma van juntos. Ciertamente, sería mejor si todo el mundo pudiera ver su trabajo de una manera profundamente satisfactoria. El honor en el trabajo es más fácil de alcanzar cuando hay resultados tangibles y formas de medición objetivas. Sin embargo, Crawford pasa por alto que seguimos necesitando de aquellos cuyo trabajo no produce resultados tangibles como el motor ronroneante que él reparó en su garaje. Estas también son vocaciones con cruces particulares. Estas vocaciones también pueden realizarse con amor. Amar al prójimo sigue siendo la ética clave de aquellas vocaciones.

Creo que podemos encontrar orgullo y honor en cualquier trabajo. Incluso podemos pensar en el «oficio» de cualquier vocación. Supongamos que llevas la contabilidad de una tienda minorista. El director general solicita un resumen de las finanzas mensuales en una hoja de papel. Quiere echar un vistazo rápido a la situación financiera. «Todo en una sola página», exige. No es fácil. Así que haces los cálculos y ajustas las columnas y las filas en la hoja. Cuando terminas, le echas un vistazo al resumen y, con tu mente de contador, lo consideras una obra de arte, exactamente lo que el jefe necesita. No hay información innecesaria, sino todo lo que el jefe necesita para tomar decisiones. Entras en su mente. Sabes cómo piensa. Utilizas tu pericia para mostrarle lo que necesita saber. Para esta tarea se requiere oficio, incluso arte. Supongamos, luego, que el jefe le echa un vistazo a tu trabajo en tres minutos, dice «Vale», arroja el documento a la papelera «Para triturar» y pasa al siguiente punto de su agenda. Él no vio la hoja de cálculo como una obra de amor o como el fruto de una labor, ni mucho menos como una obra de arte. Pero tú sí. Y Dios también. Te enorgulleces de tu trabajo, aun cuando no reciba el reconocimiento que merece.

Una vez entré en un baño público en el que estaban hablando dos conserjes, uno viejo y otro joven. El mayor estaba entrenando al novato. Hablaba extasiado sobre la manera de limpiar el baño: «Empieza por aquí. No te olvides de esto. Así es como yo lo hago». Hablaba con orgullo. Hablaba de su oficio. Y lo mismo sucede con tu baño. Cuando llega el momento de limpiarlo, te pones los guantes de goma y empiezas a trabajar. Ya lo has hecho antes y tienes un sistema. Empiezas por el espejo y luego bajas. Haces todo meticulosamente. Incluso quitas las pequeñas tapas de plástico que cubren los tornillos en la base del inodoro para dejar el baño realmente limpio. Es una labor realizada con amor. Y tu trabajo requiere un sistema; un oficio, incluso. ¿Y si los niños llegan a casa y deshacen todo en cinco minutos? ¿Y si no entienden tu orgullo, o la importancia de ello para su salud y bienestar? Dios sabe, y tú también. Dios sonríe ante un baño limpio, y tú también.

Es un buen día cuando nos perdemos en nuestro trabajo. Esos días no se hacen largos, sino que pasan volando rápidamente. ¿Has hablado alguna vez con un agricultor sobre su trabajo? ¿Con un mecánico? ¿Una enfermera? ¿Un corredor de bolsa? Cuando están orgullosos de su oficio, pueden hablar durante horas de los matices de sus ocupaciones: las luchas, los avances tecnológicos, la forma correcta de hacer las cosas y la forma incorrecta. Todo el mundo puede «hablar de trabajo», incluso el conserje. Todo el mundo puede perderse en el oficio de su trabajo. Es entonces cuando «el tiempo vuela» en el buen sentido.

Aquí es donde empieza la verdadera autoestima en el trabajo. Primero, mi labor es importante. Dios lo ha dicho. Segundo, hay una forma correcta de realizar mis tareas. Tercero, puedo convertirme en un experto en mi trabajo. Cuarto, sé que estoy marcando una diferencia porque es la obra de Dios. Y, por último, puedo enorgullecerme de mi trabajo aunque la gente piense que lo que hago está por debajo de ellos.

Aquí es también donde empezamos a ver el trabajo como un regalo y ya no como una carga. Tengo un propósito divino. Encuentro, asimismo, un orgullo apropiado en él. No un orgullo curvado hacia dentro, sino un orgullo basado en el honor de ser colaborador de Dios en su economía de amor. El trabajo no es un castigo; es un don. Dios trabaja, y nos honra dándonos trabajo. Si Dios trabaja, trabajar no está por debajo de nosotros sino por encima. Lo mismo ocurre con el descanso. El descanso también es un don. Dios descansó el séptimo día, y también deberías hacerlo tú —no en un día específico, sino en general—. El tercer mandamiento, «Acuérdate del día de reposo para santificarlo» (Éx 20:8), ya no es una regla que seguimos servilmente. Somos libres (Col 2:16). Sin embargo, el principio permanece. «No sean adictos al trabajo», parece decirnos Dios. «Deténganse y disfruten de este lugar. Confíen en mí. El trabajo se hará». Es una cuestión de confianza. De modo que el mandato del día de reposo consiste en tomarse tiempo para estar en contacto con los medios de gracia. Toma tiempo para reflexionar sobre lo que Dios ha hecho por ti. Ve a la iglesia, recibe sus dones, y disfruta de todos los regalos que este mundo te ofrece.

En última instancia, esto apunta a un reposo sabático eterno (Heb 4:9). Cuando nuestro trabajo aquí en la tierra haya terminado (seis días), tendremos un sábado (séptimo día). ¡El problema de la vida actual es que siempre hay un lunes! Pasamos una y otra vez por este ciclo de siete días de trabajo-reposo hasta llegar al esquivo octavo día de la eternidad. Sin embargo, esto no significa que en el cielo seremos perezosos, como si el trabajo hubiera cesado. Pienso en el reposo del sábado eterno como un año sabático. Las palabras están relacionadas. Cuando alguien se toma un año sabático, no pasa seis meses echado en el sofá. Trabaja. Pero es un trabajo libre de las tensiones de un trabajo regular. Tiene tiempo para explorar o estudiar un interés particular. No recupera sus energías durmiendo siesta en el sofá, sino trabajando en algo que lo hará mejor a él y a quienes lo rodean. Me imagino el cielo como ese tipo de trabajo. Un trabajo bueno. Un trabajo verdaderamente floreciente y satisfactorio. En su gracia, Dios deja caer sobre nosotros un poco de este shalom (florecimiento) celestial. Aun en el peor de los trabajos hay días en que nos perdemos en el oficio de nuestras ocupaciones. Son días en los que pareciera que no hemos trabajado. Nos perdemos tanto en el trabajo mismo que, en esos momentos, no nos importa el sueldo. Nos volvemos a perder en nuestra vocación.

Gustaf Wingren habla de esto cuando compara al viejo hombre (pecador) con el nuevo hombre (santo). El santo vive en un nuevo reino, una esfera de fe y amor. Sin embargo, es exactamente el mismo lugar en el que trabaja y vive el viejo hombre (pecador). «Este no es realmente un reino nuevo; como "viejo" hombre ha vivido siempre en él, gobernado por la ley. Esta, tal como se encarna en los numerosos oficios, tiene la función, en las manos de Dios, de obligar al hombre a servir a los demás, lo desee o no. Opera su puesto, su vocación, por la fuerza, sin el corazón. Pero ahora, en la fe y el evangelio, el corazón ha sido hecho nuevo. La necesidad de nuestro prójimo no nos presiona contra nuestra voluntad, sino que nos llena de alegría, pues nuestro gozo es servirlo. Lo que el gobierno terrenal impondría, ahora lo hacemos libremente. De este modo, el amor actúa en la tierra en el ámbito de la ley, pero no conoce ley alguna. Es el cielo en la tierra. Este descenso ha tendido un puente sobre la frontera entre el cielo y la tierra»[26].

Algún día, cuando la lucha haya terminado, estaremos en nuestro reposo sabático. Hasta entonces, nos las arreglamos como santos-pecadores, tocados por el shalom celestial incluso en nuestras vocaciones.

Libertad y amor

Por lo tanto, observa esto y distingue entre la libertad que existe en tu relación con Dios y la que existe en tu relación con el prójimo. En la primera, esta libertad está presente, y en la segunda, no, por lo siguiente: Dios te da esta libertad solamente en lo tuyo, no en lo de tu prójimo.

—Martín Lutero

En su libro *God at Work* [Dios en el trabajo], Gene Edward Veith cuenta la historia de un estudiante universitario con dificultades que estudiaba mucho y hacía todo lo que un buen estudiante debe hacer. «Finalmente, agotado, se dio cuenta de que debía tomarse un semestre libre. Durante ese tiempo, aceptó un empleo para hacer lo que realmente le gustaba, es decir, trabajar en automóviles. Como mecánico, fue ascendiendo en el taller, asumiendo más responsabilidades y ganando cada vez más dinero. Sentía que debía volver a estudiar, pero no se atrevía a dejar su trabajo de mecánico. Se disculpó con su profesor, pero no debería haberlo hecho. Había encontrado su vocación»[27].

El joven también encontró la libertad. Quedó libre de complacer a Dios, a sus profesores y quizás a sus padres, y de la carga del estándar de éxito que la sociedad ponía sobre sus hombros.

San Pablo escribe que el cristiano está muerto para la ley (Gá 2:19). Recuerda que el cristiano es simultáneamente un pecador y un santo. El santo (el nuevo hombre) es esclavo de la justicia (Ro 6:18). No puede evitar ser justo. No necesita que ninguna ley le diga que haga esto o aquello. Simplemente lo hace. Es libre para ser lo que Dios tuvo en mente al crearlo, un amante de su prójimo. Ve una pila de platos sucios y los lava. A menudo realiza este acto de amor justo sin ser consciente de que esta acción estaba preparada de antemano para él (Ef 2:10). Es libre. Libre para amar.

El viejo hombre, en cambio, está bajo la ley. Es esclavo del pecado (Ro 6:20). No puede evitar pecar. Aun sus acciones externamente buenas están contaminadas por la ley. Se realizan en el sistema de justicia por la ley. Está atado a este sistema. Al final de su vida, al hacer un balance de su tiempo aquí en la tierra, debe preguntarse: «¿Fui lo suficientemente bueno? ¿Lo suficientemente bueno como para ser bendecido en el otro mundo? ¿Lo suficientemente bueno como para ser recordado en términos favorables? ¿Lo suficientemente bueno como para morir en paz?». El viejo hombre (pecador) está bajo la ley y se pondrá continuamente debajo de ella. No conoce otro sistema y no puede comprender la libertad. Como santos-pecadores, los cristianos experimentan ambos tipos de emociones: las delicias de la libertad y los terrores de la ley. Como ya hemos dicho, esta batalla espiritual se libra en el ámbito de la vocación. Gustaf Wingren escribe: «El cristiano es a la vez hombre viejo y nuevo, no solo en relación con el juicio [y] el perdón de Dios, sino también en su encuentro con la vocación y el prójimo. Aún es el hombre viejo en la medida en que el encuentro lo irrita, y es el hombre nuevo cuando el encuentro se produce con calma interior y gozo»[28].

El viejo hombre mira al prójimo y ve una cosa. Algo que utiliza para su propio beneficio en el sistema de justicia por la ley o un irritante que se interpone en su camino. Para el nuevo hombre, el prójimo es un deleite: «No hay nada más deleitoso y adorable en la tierra que el prójimo»[29].

A continuación, Wingren resume la visión de Lutero sobre la programación del crecimiento espiritual y la reforma: «Lutero [fue] muy modesto a la hora de dar instrucciones para la reforma del mundo. No ofrece ningún programa [...]. El amor descubre por sí mismo lo que es más beneficioso para el prójimo. No puede ocuparse de hacer lo prescrito por las normas de lo correcto sin dejar de ser amor. Se convierte en una esclavitud a la ley, una preocupación por la santidad propia que, insegura de su salvación, busca alcanzar la certeza exigiendo el sacrificio por el prójimo»[30]. Los pastores deben cuidar de no imponer más leyes a los cristianos, que son libres. El amor no sabe de programas. Esto no significa que mis sentimientos y deseos, físicos o emocionales, deban llevarme a acciones y/o relaciones contrarias a la ley de Dios. Eso sería una mentalidad curvada hacia dentro. No sería libertad, sino esclavitud a los deseos pecaminosos. Significa, más bien, que el amor verdadero no está sujeto a un conjunto de límites hechos por el hombre. El amor fluye hacia el prójimo. La necesidad del prójimo dicta hacia dónde fluye el amor. En la vida no existe lo que llamamos equilibrio. O, al menos, no es el objetivo con que deberíamos empezar. El equilibrio se da, pero solo sirviendo al prójimo que más nos necesita.

No se trata necesariamente de «equilibrarlos», como si cada prójimo demandara la misma atención. Tampoco se trata de establecer prioridades rígidas (como, por ejemplo, primero Dios, segundo la familia, tercero el trabajo): puesto que todas las vocaciones tienen que ver con el amor y el servicio al prójimo, cuando entran en conflicto, deben resolverse atendiendo al prójimo más necesitado[31].

Si vemos nuestras vocaciones como un conducto por el cual el amor de Dios fluye a través de nosotros hacia el prójimo, esto nos libera de intentar equilibrar la vida. Se trata del amor de Dios. Fluirá hacia donde tenga que fluir. Si mi trabajo me necesita, soy libre de decir no a mi familia. Si mi familia me necesita, soy libre de decir no a mi trabajo. Esto puede significar buscar un trabajo nuevo o rechazar un ascenso si las exigencias de un nuevo puesto interfieren con el buen desempeño de la paternidad, pero eso también es aceptable[32]. No tengo que preocuparme por el equilibrio. Eso es responsabilidad de Dios.

Pero ¿no suena todo esto demasiado *bonito*? Quizás funciona para los ciudadanos de clase media alta, que viven en un buen barrio y cuya mayor preocupación es si sus hijos serán aceptados o no en una buena universidad. Pero ¿qué pasa con los que viven en el umbral de la pobreza, por no hablar de un agricultor de subsistencia en un país del tercer mundo? Y ¿no es todo esto ley, al fin y al cabo? Si toda mi vida está orientada al amor al prójimo, entonces se trata de que yo trabaje. Y, hablando honestamente, ¿qué hay de mí? ¿Qué hay de mi tiempo? ¿Mi alegría? ¿Mis vacaciones? ¿Mis necesidades? ¿Mi salud?

Indudablemente hay muchos músicos talentosos, genios de las matemáticas e inventores en potencia que son agricultores de subsistencia o trabajadores migrantes, o que se encuentran en fábricas o cubículos donde sus talentos son infrautilizados o incluso ignorados. Este es un mundo pecaminoso en el que las personas pecan contra sus vocaciones, y el resultado es lo contrario del florecimiento humano. Es trágico. Pero esto no significa que esos trabajadores no sean valiosos. Siguen haciendo el trabajo de Dios, y es importante. El amor puede dictar que trabajen para sus familias y dejen de lado sus sueños. Es trágico y hermoso a la vez[33]. También lo es la cruz.

Jamás debemos olvidar que, por cada vocación en la que nos encontramos, hay innumerables vocaciones sirviéndonos a nosotros. Mientras escribo este párrafo en mi oficina, miro alrededor y no veo cuatro paredes, sino obreros de la construcción, pintores, electricistas, camioneros, arquitectos, agentes de seguros, gestores de préstamos, administradores, albañiles, vidrieros, fabricantes, el inventor del acondicionador de aire, los visionarios que iniciaron esta universidad, donantes, decanos, prebostes, etcétera, etcétera. Y eso es solamente lo que tiene relación con mi oficina. Simplemente no podría enumerar las personas que Dios ha utilizado para que yo pueda sobrevivir, y mucho menos florecer. El amor que doy no es igual al que recibo; ni siquiera se acerca. Así que también soy libre para ver el mundo entero como un regalo. Puedo salir a comer, asistir a un partido de béisbol, irme de vacaciones y disfrutar de lujos sin sentirme culpable. Soy libre. No he sido olvidado. En verdad se trata de mí porque, en todas estas otras vocaciones, Dios trabaja para mí.

Esto no me hace perezoso, sino que me impulsa aun más. Me impulsa a trabajar por el florecimiento de la humanidad —como siempre debió ser—. Es un papel muy pequeño el que desempeño, pero es importante y el más alto honor. Soy un colaborador de Dios.

Conclusión

Aventurarse a todo

De este modo, un hombre cristiano que vive confiando así en Dios lo sabe todo, puede hacerlo todo, se aventura a hacer todo lo que hay que hacer, y hace todo de buena gana y con gusto, no para acumular méritos y buenas obras, sino porque para él es un placer agradar a Dios haciendo estas cosas. Simplemente sirve a Dios sin pensar en recompensas, satisfecho de que su servicio agrade a Dios.

—Martín Lutero

La postura es importante. Eso decían nuestras madres y probablemente nuestros pediatras. La postura es importante para nuestra salud (la preocupación del pediatra) así como para nuestra apariencia y actitud (las preocupaciones de la madre). También es importante desde el punto de vista espiritual. No la postura física, sino la orientación espiritual. Una persona curvada hacia dentro tiene los hombros caídos y su barbilla toca su pecho. Mira hacia su interior. No ve lo que tiene por delante. Piensa que todas las respuestas provienen de su interior, de una luz interior, de una creencia en sí misma —todas las frases de moda usadas por los psicólogos populares actuales—.

Sin embargo, el interior está podrido. El resultado solo puede ser un orgullo iluso o una desesperación honesta.

Ahora considera a la persona que tiene una buena postura. Tiene los hombros hacia atrás y la barbilla levantada. Ve el mundo. Incluso está confiada. Dios nos golpea para que dejemos de mirar hacia adentro. Levanta nuestra barbilla para que veamos fuera de nosotros mismos. Levantamos la vista, y vemos a Cristo; concretamente, su cruz. Vemos la justicia ganada para nosotros y el perdón de nuestros pecados. ¡La libertad! Levantamos la vista, y tomamos también conciencia de nuestro entorno. Vemos a nuestro prójimo, quizá por primera vez. Ahí está otra vez Cristo. La vocación es un esfuerzo cristológico. Vemos nuestro papel en el mundo. Un propósito. Levantamos la vista y vemos el mundo como un regalo. Todo esto para nosotros. Todas estas vocaciones trabajando para nosotros. Vemos seguridad y prosperidad, aunque de forma limitada. Por último, vemos florecimiento. Es un día más luminoso.

La vocación es el escenario del florecimiento humano. Shalom. La forma en que debe ser. La vocación es donde Dios provee para los suyos. Necesitan un cierto nivel de prosperidad, y lo ofrece por medio de empresarios, inversionistas, reguladores y emprendedores. Necesitan un cierto nivel de seguridad; lo ofrece a través de gobiernos, policías, jueces y abogados. Necesitan un propósito. Los seres humanos reciben un propósito divino por medio de la vocación. Necesitan libertad. Esta también es protegida a través de medios humanos. Pero hay una libertad mayor. Una libertad de la ley condenatoria que aterroriza a los pecadores. Todo empieza cuando Cristo justifica por medio de su vida y su muerte. Su justicia a cambio de nuestra injusticia. Esta es la verdadera paz; este es el verdadero shalom. Somos libres. Libres para florecer en el amor.

Sin embargo, la batalla espiritual entre el viejo y el nuevo hombre continuará librándose. Nuestra vieja naturaleza pecaminosa convierte el don en ley y al prójimo en molestia. Nuestros hombros empiezan a encorvarse y nuestra barbilla a descender. Así que Dios nos vuelve a matar con su ley. ¡Maldito sea ese viejo hombre! De vuelta a las aguas del bautismo para morir y resucitar otra vez. Lo hacemos todo de nuevo, pero la carga es ligera. Volvemos a atravesar todo llevados por Cristo. Muerte y resurrección. Morir y vivir. «¡Levanta la vista!», nos dice otra vez. «¡Mira! Aquí estoy. Aquí está tu prójimo. Aquí está el mundo. Te lo doy».

Así que volvemos al trabajo para librar la batalla. Sin embargo, todo el tiempo, Dios hace que su obra se realice. La vocación es el escenario de su obra. El modo en que actúa. Qué privilegio ser parte de todo ello. Aun en los momentos oscuros, Cristo trabaja con nosotros. Ha pasado por todo ello antes y volverá a atravesarlo contigo. Estamos libres de la debilitante ansiedad.

Poseemos una confianza suprema en Cristo. Él ya ha superado nuestros mayores obstáculos: el pecado y la muerte. Pero somos más que sobrevivientes. Él no solo nos levanta de la tumba de la desesperación, sino que nos eleva más alto, hasta un propósito grandioso y divino. Somos más que vencedores (Ro 8:37). Este mundo en el que nos ha puesto ya no es una amenaza. No es un peso atado a nuestros tobillos. No es un lugar del que intentamos escapar. Es un regalo. Todo el mundo. El trabajo y el descanso. La alegría y el sufrimiento. Es un regalo dado a personas libres. Poseemos, pues, una confianza suprema. A tal punto que no nos dejamos llevar por el miedo, sino que podemos aventurarnos a todo.

Este «aventurarse a todo» solo es posible gracias a la libertad. Somos libres para amar. No nos arriesgamos por nosotros mismos, sino por la vocación. Con sobrio entusiasmo, recibimos buenas obras para realizar, planeadas por Dios de antemano. Somos libres para hacerlas porque somos colaboradores de Dios. Trabajamos e incluso nos arriesgamos con él. Estamos curvados hacia fuera en nuestra vocación. Dios se asegura de ello. Aventurarse en este gran terreno desconocido solo es posible porque nuestro destino final está seguro en Cristo. Ya no hay miedo a la ira de Dios. Ni siquiera sigue habiendo un deseo de agradarle. Eso se resolvió en la cruz.

Tampoco llevamos la pesada carga de practicar la virtud por la virtud. Dios nos utiliza para amar al prójimo. Esa es la verdadera virtud. El telos no somos nosotros, sino nuestro prójimo. Tampoco llevamos la carga de encontrar nuestra valía en la opinión de los hombres. Somos a la vez indignos del llamado y menospreciados por el mundo, que no puede contemplar la maravilla pura obrada por Dios a través de nosotros en nuestras vocaciones. Dios nos justifica. No es nuestro trabajo; es el suyo. Aquí es donde encontramos nuestro valor.

Dios no tiene un plan para ti; tiene un plan para tu prójimo. Y es todo un honor ser parte vital de esta gran economía de amor. Y al llegar al final, nos daremos cuenta de que también tenía un plan para nosotros. Se manifestó a través de otros, pues Dios nos ama a través de sus vocaciones. El amor que damos nunca es el mismo que el que recibimos. Recibimos mucho más.

Una vida de florecimiento termina con un momento en la línea de Salomón. Luego de que el gran rey filósofo nos advirtiera sobre el sinsentido de las riquezas y aun de la vida misma, dijo lo siguiente: «Esto es lo que yo he visto que es bueno y conveniente: comer, beber y gozarse uno de todo el trabajo en que se afana bajo el sol en los contados días de la vida que Dios le ha dado; porque esta es su recompensa. Igualmente, a todo hombre a quien Dios ha dado riquezas y bienes, lo ha capacitado también para comer de ellos, para recibir su recompensa y regocijarse en su trabajo: esto es don de Dios. Pues él no se acordará mucho de los días de su vida, porque Dios lo mantiene ocupado con alegría en su corazón» (Ec 5:18-20). No solo es permisible disfrutar de un mundo de trabajo y descanso; es lo que Dios desea para nosotros. Esta puede ser nuestra «recompensa» en la vida, pero en la libertad de Cristo, es también un don. Es el don del florecimiento, el bien supremo: eudaimonia, felicidad, shalom. Por lo tanto, vive libre en la paz de Cristo. Shalom, amigos, shalom.

Epílogo 1

La vocación como escenario de la evangelización

La evangelización es la máxima expresión de amor sacerdotal al prójimo, pues la confesión de Cristo llama al prójimo incrédulo a salir de las tinieblas de la muerte y entrar en la vida de la iglesia. Pronunciando las palabras de la ley y el evangelio de Dios, el sacerdocio real da testimonio de Cristo Jesús en los lugares donde Dios los ha puesto: en sus familias, en los lugares de trabajo diario y con los amigos. Es en estos contextos que el sacerdocio real proclama las alabanzas del Señor.

—John Pless, «Reflections on the Life of the Royal Priesthood»
[Reflexiones sobre la vida del sacerdocio real]

La evangelización es una cuestión de relaciones. Siempre lo ha sido y siempre lo será. Esto no significa que una congregación local no deba ir de puerta en puerta, organizar eventos, tener una sólida presencia en Internet y hacer uso de todas las demás técnicas para alcanzar a la gente. Debe hacerlo. Pero sigue tratándose del prójimo. Y no hay mejor regalo para el prójimo que la paz de Cristo. Puesto que la vocación se trata del prójimo, es también el escenario de la evangelización. Podría parecer que elevar la vocación equivale a devaluar los esfuerzos de evangelización, pero esta sería una conclusión errónea. La familia, la comunidad y las ocupaciones de un cristiano no están en guerra contra la congregación local, luchando por los preciosos minutos y recursos económicos del individuo. La verdad es que la vocación es el lugar donde se hace contacto con el prójimo de manera significativa.

La vocación es el escenario en el cual se forman relaciones significativas y se gana la confianza. Ya sea en la familia o en el trabajo, la vocación es donde los cristianos tienen más contacto con los no cristianos. Los cristianos no son del mundo, pero están en el mundo. Puede que no sepas todo sobre tus compañeros de trabajo, pero pasas mucho tiempo con ellos. Son tus prójimos. Si percibes tu trabajo como una vocación, sin duda se notará. Puede que incluso te etiqueten como el compañero de trabajo que «tiene todo en orden» (aunque no sea así).

San Pablo llama a esto la ambición de una vida tranquila. Escribe a los cristianos tesalonicenses perseguidos: «... que tengan por su ambición el llevar una vida tranquila, y se ocupen en sus propios asuntos y trabajen con sus manos, tal como les hemos mandado; a fin de que se conduzcan honradamente para con los de afuera, y no tengan necesidad de nada» (1Ts 4:11-12).

¿Cómo se puede ser ambicioso en pos de una vida tranquila? La palabra griega traducida como «ambición» es, en realidad, la unión de dos palabras: *amor* y *honor*. Amar el honor es tener una ambición, considerar algo como un honor, o aspirar a una meta. Para los cristianos tesalonicenses, era evitar la ociosidad, realizar sus trabajos; en resumen, llevar a cabo sus vocaciones hasta el regreso de Cristo. Nada ha cambiado. La ambición del cristiano es ver el trabajo de su vida como un honor. Esto distingue a los cristianos de manera única. No te sorprendas si la gente lo nota. Eres alguien en quien se puede confiar. Puede que incluso la gente te admire. El sentido de la vocación te hace mejor trabajador, más diligente, más amable y más tranquilo. Al mismo tiempo, te hace real. Plenamente consciente de las dificultades de tu propio trabajo, y comprensivo con el compañero que se queja del jefe, los proveedores o los clientes. Puede que seas la persona a la que tu compañero de trabajo acude en busca de consejo, incluso espiritual.

Estas relaciones significativas se convierten a menudo en conversaciones significativas. La vocación es el escenario en el que tenemos diálogos significativos y, por lo tanto, donde se tienen pensamientos profundos sobre la vida, la muerte, el pecado y la gracia. La relación cordial que mantienes con un pariente político o un compañero de trabajo puede pasar al siguiente nivel en una fiesta de la oficina, una reunión familiar, o cuando salen a tomar algo después de la jornada laboral. La fachada se levanta y te ves obligado a conocer a la persona. ¿Quién es? ¿Cómo piensa? ¿Cuáles son sus objetivos, sus luchas? ¿Qué piensa de las grandes cuestiones de la vida? Es algo que sucede. Ocurre gracias a la vocación.

La vocación es también el escenario en el que la gente sufre y, por lo tanto, el lugar donde se puede predicar el evangelio. Esas relaciones y conversaciones tocan inevitablemente la naturaleza trágica de nuestro mundo y de nuestras vidas. Con el tiempo, descubrirás lo que los molesta, lo que les duele y lo que los obsesiona. Si eres el auténtico compañero de trabajo confiable que se ha abierto y que ha escuchado, puede presentarse una oportunidad para la predicación del evangelio. Quizás más a menudo de lo que pensamos. La vocación es el escenario de la evangelización.

Epílogo 2

La elección de una vocación

Por eso también es erróneo tratar a Dios como una gran agencia de empleo; como un cazatalentos celestial que busca los lugares perfectos para nuestros dones perfectos. La verdad es que Dios no está buscando un lugar para nuestros dones, sino que nos ha creado a nosotros y a nuestros dones para un lugar que él ha elegido, y solo seremos nosotros mismos cuando estemos finalmente allí.

—Os Guinness, *The Call*
[El llamamiento]

Lo siguiente podrá sonar contradictorio viniendo de un profesor universitario cuyo trabajo depende de convencer a los estudiantes de gastar mucho para estudiar en una universidad de artes liberales, pero no tienes la obligación de ir a la universidad. No la tienes. La competencia por los estudiantes es feroz. De hecho, esto aumenta los costes (mejores dormitorios, mejor comida, etc.). La matrícula es una locura. No me malinterpreten; una educación en artes liberales es invaluable. Pero se trata de una competencia, por lo que los administradores de las universidades se ven obligados a vender su producto. Algunos argumentarán que, en promedio, un graduado de una institución de cuatro años ganará más que un graduado de educación secundaria, superando con creces el costo de la matrícula universitaria. Con el tiempo. Tal vez. Dependerá del trabajo que consigas, ¿verdad? Pero no todo el mundo se cree el argumento de venta. Si un estudiante de secundaria puede aprender un oficio y empezar a ganar (y a ahorrar) a los dieciocho años sin la deuda de la universidad, a largo plazo estará mejor. Tal vez. Así que madres y padres se preguntan, preocupados: «¿Qué debería hacer mi hijo?».

Aunque las preocupaciones financieras son reales, tal vez estamos haciendo la pregunta equivocada. A menudo, estos padres me han pedido consejo sobre este mismo dilema. Recientemente he empezado a responderles haciendo mis propias preguntas: «¿A qué tipo de colegio secundario asistió su hijo? ¿Aprendió historia? ¿Se le exigió interactuar con la literatura? ¿Qué asignaturas optativas cursó?». Para que nuestra sociedad florezca, necesitamos no solo médicos, abogados y profesores reflexivos, sino también mecánicos, carpinteros, conserjes y funcionarios reflexivos. No obstante, la educación es más que todo eso; es más que el dinero, es más que un electorado informado. Se trata, una vez más, de la libertad. El nombre lo dice: artes liberales. Las artes libres por contraposición a las artes serviles. Ambas son buenas y honorables, pero históricamente, las primeras eran para las personas libres, y las segundas para los siervos. Los siervos no disponían de tiempo libre para estudiar materias o perfeccionar habilidades que no fueran necesarias para desempeñar su trabajo. Su educación podía incluir conocimientos de ingeniería o de idiomas, pero el propósito de ella era servir a una clase más alta de la sociedad.

Esto, por supuesto, sigue siendo así en muchos lugares del mundo. Para muchos, la idea de elegir una carrera es irrisoria. Sin embargo, para quienes hemos tenido la oportunidad de pensar, estudiar, escribir y leer, ha sido una bendición. Se nos ha hecho un regalo. Se nos ha concedido el tipo de libertad que la mayoría de la gente en la historia del mundo solo podría haber soñado. Quienes solo ven la educación como un medio para ganar dinero son aquellos que Aristóteles llamó «los más vulgares»[1]. Tanto el argumento de que una costosa educación en artes liberales hace ganar más dinero como el argumento de que un oficio tiene más sentido financiero son incompletos. ¿Dónde recibiste tu educación secundaria? Si recibiste una buena educación en artes, las artes liberales, de modo que puedes pensar con claridad y amplitud, o si te sientes llamado a una ocupación que no requiere un título avanzado, ¡adelante! Si, por otro lado, te sientes impulsado a continuar tu educación, será hermoso y significativo. Eres libre de hacerlo. Ve. Por un segundo, olvídate del dinero y trabaja duro.

Sin embargo, estoy seguro de que la pregunta aún acosa a muchos de ustedes: «¿Cómo puedo saber lo que debo hacer?». La tiranía de la elección es la maldición de una sociedad acomodada. Hay demasiadas opciones. Y lo empeoramos al preguntar a nuestros hijos, desde el jardín infantil, qué *quieren* ser de mayores. ¿Cómo van a saberlo a esa edad —o a cualquier edad—? Y así, la presión de una decisión inminente aumenta a lo largo de los años. ¡Toda tu vida y tu futuro financiero dependen de esa decisión! Difícilmente parece un llamado. De hecho, si esperas que una voz en tu cabeza te diga lo que tienes que hacer, esperarás mucho tiempo (o te volverás loco)[2].

La vida está llena de este tipo de decisiones. ¿Debo ir a la universidad? ¿A qué escuela? ¿Debo quedarme en mi trabajo, o buscar otro? ¿Centrarme en mi familia, o en mi carrera? Quienes estén pensando en estas difíciles decisiones, sepan, por favor, que Dios hará el descarte. Él tomará la decisión por ti. No lo sabrás hasta después de años, quizás no antes del cielo, pero él tomará la decisión por ti. Te llamará. Hasta entonces, la elección será tuya; o al menos, así es como deberíamos verlo. Es nuestra responsabilidad. Por lo tanto, ¿cómo podemos saber qué elegir? Aquí hay algunas cosas en las que debemos pensar.

Deja de preguntarte qué quieres, y empieza a preguntarte con qué dones has sido bendecido. No te preocupes; Dios también tiene un plan para ti; eres el prójimo en miles de planes en los cuales Dios utiliza a otros, en sus vocaciones, para servirte. El amor que das será siempre menor que el que recibes. Es la diferencia entre estar curvado hacia dentro («¿Qué quiero?») y estar curvado hacia fuera («¿Qué dones se me han dado para amar a mi prójimo?»).

La vocación está siempre en el aquí y el ahora. ¿Qué hay delante de ti en este momento? Si es la familia, que sea la familia. Si ahora mismo es un trabajo con el salario mínimo, entonces sé el mejor trabajador que jamás haya existido para esa tarea. Si el dinero de la beca te alcanza para acceder a la universidad, entonces ve. Si necesitas un trabajo y no hay ninguna vacante en tu campo, no hay problema. La vocación está en el aquí y el ahora. ¿Qué hay delante de ti en este momento? El aquí y el ahora cambiarán, pero es el trabajo de Dios cambiarlos, no el tuyo.

Dios utiliza casi exclusivamente lo ordinario para lograr lo extraordinario. Así que no te va a llamar como llamó a Samuel, en medio de la noche (1S 3). Pero te ha dado padres, consejeros, profesores, entrenadores y amigos que te aconsejen. Escúchalos a todos.

Sé que quieres marcar la diferencia, pero no dejes que eso te ciegue a lo que Dios tiene reservado para ti. Hagas lo que hagas, marcarás una diferencia. Todo trabajo importa, y «todo trabajo tiene dignidad»[3].

No sé dónde estarás dentro de cinco o diez años; tampoco tú lo sabes. Pero sí sé que Dios ha preparado de antemano buenas obras para ti (Ef 2:10). Él sabe que algunos estarán junto a los lechos de los moribundos, consolando tanto a los pacientes como a sus familias. Sabe que algunos estarán en reuniones de juntas directivas tomando decisiones con serias ramificaciones para las comunidades y las economías. Sabe que algunos construirán puentes, pavimentarán carreteras, conducirán autobuses escolares, se ocuparán de llevar las cuentas, cambiarán pañales, serán entrenadores en las ligas menores, darán clases particulares a escolares o redactarán leyes. No sabes lo que te espera en el futuro, pero él sí lo sabe. Te está preparando para esos momentos. Te está preparando para el prójimo que pronto estará frente a ti. Así que, con un sobrio entusiasmo, aventúrate a todo.

Enfermero(a)

¿Sabes lo que se necesita para ser enfermero(a)? La cantidad de información que deben aprender supera lo que yo podría memorizar. Y no es el tipo de información que puede estar un poco errada. En enfermería, los errores cuestan vidas. La presión es grande. Pero qué gran sensación la de ayudar a los enfermos, reconfortar a los débiles, presenciar nacimientos o ver cómo la medicina moderna hace milagros. La enfermería no siempre es fácil, pero es un buen trabajo.

Trabajador en construcción de carreteras

¿Te imaginas trabajar haciendo una autopista? Debe ser gratificante conducir por una carretera que *tú* has construido. Es un trabajo complejo. Implica ingeniería, como también mucha matemática y maquinaria complicada. Sin embargo, no es un trabajo de oficina; es físicamente exigente. Ah, y todo ello mientras pasan coches a toda velocidad. No siempre es fácil trabajar en la construcción de carreteras, pero es un buen trabajo.

Chef

Nadie trabaja en más cosas a la vez que un chef. No es para todo el mundo. No te cruces en el camino de un chef cuando la cocina opera a toda máquina. Todo debe marchar sobre ruedas y a tiempo. Pero ¡qué creaciones se hacen! La comida es una de las mayores alegrías de nuestro mundo. Y tú puedes ser el creador. No siempre es fácil ser chef, pero es un buen trabajo.

Trabajador del tendido eléctrico

¿Has visto alguna vez a esos hombres que trabajan en el tendido eléctrico estando colgados de helicópteros? La palabra peligro se queda corta. Y todo eso para que yo pueda encender mi televisor y mantener mi comida fresca. Me imagino al trabajador del tendido eléctrico pensando en lo importante que es su trabajo mientras mira al horizonte y, en lugar de árboles y campos, ve kilómetros y kilómetros de cables eléctricos. Si comete un error en su trabajo, mucha gente tendrá un mal día. No siempre es fácil trabajar en el tendido eléctrico, pero es un buen trabajo.

Trabajador de fábrica

Muchos trabajos conllevan cruces particulares. Los profesores deben lidiar con padres irracionales. Los agricultores parecen estar siempre luchando contra las fuerzas de la naturaleza y el mercado. Sin embargo, puede que no haya una carga más pesada que el tedio y la labor a menudo difícil de un trabajador de fábrica. Y, no obstante, el nombre lo dice: fabrican algo. Pueden señalar un coche en la carretera, o un artículo empaquetado, y decir: «Yo hice eso». No siempre es fácil trabajar en una fábrica, pero es un buen trabajo.

Abogado

Es fácil detestar a los abogados, pero los necesitamos. En esencia, la ley persigue la verdad y la paz en un mundo pecador. En un mundo caído, la ley actúa como un freno para que no caigamos en el caos y la anarquía. Los abogados se desplazan por este mundo desordenado. En los mejores casos, son quienes defienden la verdad y la justicia ante obstáculos insuperables (un mundo pecador). No siempre es fácil ser abogado, pero es un buen trabajo.

Conductor de camiones

Conducir un camión requiere de gran habilidad. ¿Sabes hacer retroceder un remolque? No es fácil. Además, hay mucho en juego. A menudo estos tipos transportan miles de dólares en mercancías sobre un enorme «misil» lleno de combustible que viaja a más de cien kilómetros por hora a través de la autopista. Hay vidas en juego. Y no creas que el conductor no está pensando exactamente en eso. Cuando el tráfico es denso, a menudo están a solo centímetros de los demás vehículos. Un error y todo está perdido. Pero ¡el viaje por carretera! Pueden ver el país completo, desde montañas hasta llanuras; desde costas hasta grandes ciudades. Mantienen la economía del país en marcha. No siempre es fácil ser camionero, pero es un buen trabajo.

Notas

Introducción

1 Esto no significa que el trabajo no cristiano no sea bueno, valioso o utilizado por Dios. Todo lo contrario. Simplemente, la terminología es diferente. Un no cristiano tiene un puesto (p. ej., médico), pero el puesto del cristiano tiene una dimensión añadida (un llamado de Dios). Un médico ateo no se consideraría «llamado por Dios», pero un abogado cristiano puede y debe hacerlo.

2 El evangelio es la buena noticia de que, gracias a la vida perfecta y la muerte inocente de Cristo, Dios no toma en cuenta el pecado de un ser humano en contra de este.

3 El cristiano es pecador y santo a la vez. La naturaleza pecaminosa (o viejo hombre) es 100 % pecadora. La nueva creación/criatura en Cristo es 100 % santa. El pecador no puede evitar pecar. El santo (o la nueva creación) no puede producir otra cosa que justicia.

4 LW 31:344. A menos que se indique lo contrario, todas las citas de las obras de Martín Lutero se abreviarán como LW y provienen de *Luther's Works*, 55 vols., eds. Jaroslav Pelikan y Helmut T. Lehman (Philadelphia: Fortress, 1955-86).

Capítulo 1

1 En aquella cultura, solo los hijos varones tenían derecho legal a la herencia. Al llamar «hijos» a todos los cristianos, Pablo declara que hombres y mujeres reciben el mismo trato en la gracia.

2   Por otra parte, si se trata del amor de Dios a través de nosotros, es ilimitado.

3   ¿Qué tipo de argumentos presentaríamos? Supongo que culparíamos a nuestros padres, a la sociedad o al gobierno. En la escuela primaria, esa táctica no funcionaba; no funcionará ante Dios.

4   La cita completa dice: «Facientibus quod in se est, Deus non denegat gratiam». Significa: «A quienes hacen lo que está en ellos, Dios no les negará la gracia». Richard A. Mueller, *Dictionary of Latin and Greek Theological Terms* (Grand Rapids, MI: Baker Books, 1985), 13.

5   Gustaf Wingren, *Luther on Vocation*, trad. Carl C. Rasmussen (Eugene, OR: Wipf and Stock, 1957), 10.

6   Si necesitamos añadir algo a nuestra salvación, entonces la muerte de Cristo no fue lo suficientemente buena (Gá 2:21). ¿Cómo podría esto darle la gloria?

7   Martin Luther, «Small Catechism», en *The Book of Concord: The Confessions of the Evangelical Lutheran Church*, ed. Robert Kolb y Timothy Wengert (Minneapolis: Fortress, 2000), 365 (énfasis mío).

8   Aidan Nichols, *Looking at the Liturgy* (San Francisco: Ignatius Press, 1996), 97.

9   Nichols, 97.

10   Os Guinness, *The Call* (Nashville: Thomas Nelson, 1998), 27-42.

11   Guinness, 39.

12   Dorothy Sayers, «Why Work?», https://malyonworkplace.org.au/wp-content/uploads/2013/12/Why-Work-Dorothy-Sayers-Essay.pdf (acceso: 29 de julio de 2022).

13   LW 45:40.

Capítulo 2

1   LW 31:53.

Capítulo 3

1   ¡Hiciste lo que está en ti! Cristianismo medieval nuevamente.

2   Dios Padre hace lo siguiente por él. Exige perfección de los pecadores y fe de corazones muertos. Eso es ley. Luego, en Cristo, Dios proporciona lo que exige. Esto es el evangelio.

3   LW 31:344. Véase 1 Corintios 9:19.

4   Wingren, *Luther on Vocation*, 13.

5   Wingren, 12.

6   LW 46:126.

7   Wingren, *Luther on Vocation*, 6.

8   «Un ser humano no puede quitarle la vida a otro, pero Dios es libre y lo hace. Lo hace mediante los oficios del juez y el verdugo. Al juez, Dios le dice: "Si no matas y castigas, serás castigado", porque en tal caso el juez estaría faltando a su vocación. El hombre no debe mirar a una mujer para codiciarla, pero Dios utiliza el "puesto" que instituyó para la propagación de la raza y efectúa el deseo allí. Un ministro del evangelio no debe condenar a nadie, pero el oficio de la predicación lo hace». Wingren, *Luther on Vocation*, 7.

9   LW 46:96

10 Que conste que me gusta mucho dar clases a los de primer año. Es un placer abrirles las Escrituras.

11 Siempre es peligroso empezar demasiadas frases con «yo soy». Esas dos palabras están reservadas para alguien más alto. Véanse Éxodo 3:14 y Juan 6:35-51; 8:12; 10:7-14; 11:25; 14:6 y 15:1-5.

12   Daniel Deutschlander, *The Theology of the Cross: Reflections on His Cross and Ours* (Milwaukee, WI: Northwestern Publishing House, 2008), 36-37.

13   «La vocación contrarresta el materialismo y el egocentrismo de las actividades económicas dándoles un nuevo sentido y una nueva orientación. Del mismo modo, la vocación transforma también otras relaciones sociales, como la naturaleza de la autoridad. [...] no es cuestión de ejercer poder sobre ellos. Más bien, la autoridad debe utilizarse para amar y servir a quienes están debajo de ella». Gene Edward Veith, *Working for Our Neighbor: A Lutheran Primer on Vocation, Economics, and Ordinary Life* (Grand Rapids, MI: Christian's Library Press, 2016), 17.

14   Wingren, *Luther on Vocation*, 8 (énfasis en el original).

15   David Brooks, *The Road to Character* (New York: Random House, 2015), 91-92.

16   Schweitzer, citado en Brooks, 92.

17   Wingren, *Luther on Vocation*, 181-82.

18   Wingren, 233.

19   John Douglas Hall, *Lighten Our Darkness: Towards an Indigenous Theology of the Cross* (Lima, OH: Academic Renewal Press, 2001), 117.

Capítulo 4

1   La verdad es que, en el presente, muchos de nosotros somos tan felices como lo fuimos en el pasado y lo seremos en el futuro. Normalmente somos tan felices que no tenemos tiempo para preguntarnos si somos felices o no.

2   Anthony M. Kennedy, «A Dialogue on Freedom», incluido en «National Conference of Citizenship: Conference Report», 19

de septiembre de 2005 (Washington D. C., 2005), 36, https://dfbaaa3e-0ce2-4de0-929d-4611a51646be.filesusr.com/ugd/03cac8_b8996b3cbf1f4495aa159da856a2d091.pdf (acceso: 29 de julio de 2022).

3 «Lo que siempre se elige como un fin en sí mismo y nunca como un medio para otra cosa se denomina final en un sentido absoluto. Esta descripción parece aplicarse a la felicidad por encima de todo: porque siempre elegimos la felicidad como un fin en sí mismo y nunca en aras de otra cosa. El placer del honor, la inteligencia y todas las virtudes las elegimos en parte por sí mismas —pues elegiríamos cada una de ellas aunque no obtuviéramos ninguna otra ventaja—, pero en parte también las elegimos por la felicidad, porque suponemos que es a través de ellas que seremos felices. Por otro lado, nadie elige la felicidad por el honor, el placer y cosas semejantes, ni como medio para nada». Aristotle, *Nicomachean Ethics*, trad. Martin Ostwald (Indianapolis: Hackett, 1961), 1097a35-1097b6.

4 Cornelius Plantinga, *Not the Way It's Supposed to Be: A Breviary of Sin* (Grand Rapids, MI: Eerdmans, 1995), 10.

5 Aristotle, *Nicomachean Ethics*, 1095b14-16.

6 Bryan Dik y Ryan Duffy, *Make Your Job a Calling: How the Psychology of Vocation Can Change Your Life at Work* (West Conshohocken, PA: Templeton Press, 2012), 9.

7 Dik y Duffy, 9.

8 Dik y Duffy, 16.

9 Dik y Duffy, 17.

10 Dik y Duffy, 4.

11 *Catechism of the Catholic Church* (New York: Doubleday, 1995), 564.

12 Piensa en las palabras que utilizamos para designar la concepción y el nacimiento. *¿Procreamos, o nos reproducimos?* ¿Nuestros hijos

son creaciones (procrear) o materia que producimos a partir de la nuestra (reproducir)? ¡Los seres humanos, creados a imagen de Dios, son el tipo de seres que crean!

13 Gene Edward Veith, *The Spirituality of the Cross* (St. Louis: Concordia Publishing House, 1999), 71-72.

14 Cuando esto sucede, es porque Dios utiliza a otras personas, como tu jefe, en sus vocaciones/puestos, para amarte.

15 Wingren, *Luther on Vocation*, 45.

16 Matthew B. Crawford, *Shop Class as Soulcraft: An Inquiry into the Value of Work* (New York: Penguin, 2010), 24.

17 Crawford, *Shop Class as Soulcraft*, 5.

18 Crawford, 37-38.

19 Crawford, 19.

20 Crawford, 127.

21 Crawford, 128.

22 Crawford, 157.

23 Crawford, 158.

24 Crawford, 157.

25 Crawford, 181.

26 Wingren, *Luther on Vocation*, 47.

27 Gene Edward Veith. *Dios en el trabajo: Tu vocación cristiana en todo ámbito de la vida* (Ipswich, MA: Proyecto Nehemías, 2020), 53.

28 Wingren, *Luther on Vocation*, 55.

29 Wingren, 43.

30 Wingren, 48-49.

31 Gene Edward Veith y Mary J. Moerbe, *Family Vocation: God's Calling in Marriage, Parenting, and Childhood* (Wheaton, IL: Crossway Books, 2012), 228.

32 No digo que la familia y el trabajo sean necesariamente iguales. La familia tiene que ser lo primero en el sentido de que como padre, por ejemplo, hay un deber que es exclusivo del padre y la madre. Nadie puede desempeñar este oficio de la misma manera. Sin duda, algunas vocaciones son únicas y tendrán prioridad, pero esto se debe a la relación única que se tiene con el prójimo involucrado.

33 Debe observarse que, a menudo, el carácter trágico de la pobreza se debe a que las personas pecan contra sus vocaciones (p. ej., un funcionario público corrupto o un empresario codicioso). La respuesta es una comprensión adecuada de nuestro prójimo y nuestra vocación.

Epílogo 2

1 Aristotle, *Nicomachean Ethics*, 1095b14-16.

2 Y por supuesto, si Dios nos dijera qué hacer, nos quejaríamos de nuestra falta de libertad —¡como Jonás!—.

3 Martin Luther King Jr., *All Labor Has Dignity* (Boston: Beacon Press, 2011), 172.

www.ingramcontent.com/pod-product-compliance
Lightning Source LLC
Chambersburg PA
CBHW031424120626
46545CB00006B/2264